Orazione Sinodale Di S. Nierses Lampronense...

Nerses (Lambronac'i), Yarowt'iwn Awgerean

ԱՏԵՆԱԲԱՆՈՒԹԻՒՆ

ՍՐԲՈՑՆ

ՆԵՐՍԻՍԻ ԼԱՄԲՐՈՆԱՑՒՈՅ

Ատպգմանեալ ըստ ընտիր օրինակաց յիտա-
լական բարբառ ՚ի Հ․ Յարութէ Սյ արդա-
պետէ Ագերբեան Ա,նկիւրացոյ՚ ՚ի Մ՚խի
Թարեան մատանու է․ և տպագրեալ ՚ի կրկին
բարբառ՝ Հայզերձ խոալական ծանօթու-
թեամբք ։

Ի ՎԱՆՍ ՍՐԲՈՑՆ ՂԱԶԱՐՈՒ Ի ՎԵՆԵՏԻԿ․

ՌՄ կ ա ։

ORAZIONE SINODALE

DI

S. NIERSES LAMPRONENSE

ARCIVESCOVO DI TARSO IN CILICIA

RECATA IN LINGUA ITALIANA DALL'ARMENA,

ED ILLUSTRATA CON ANNOTAZIONI

DAL P. PASQUALE AUCHER

DOTTORE DEL COLLEGIO DI S. LAZZARO.

———————

VENEZIA

NELLA STAMPERIA DEL COLLEGIO SUDDETTO

1812.

Sono nove mesi, Monsignore Illustrissimo, che bramando di far noto il di Lei chiarissimo Nome anche alla mia Nazione Armena, mi presi la libertà di chiedere a V. S. Ill. la permissione di dedicarle questa ORAZIONE SINODALE *da me tradotta in lingua italiana. Quel corag-*

gio, che a fare questa dimanda mi mancava per conto dell'opera mia, mi si destò pel nome illustre dell'Autore San Nierses Lampronense *primario modello dell'eloquenza Haicana, ossia Armena.*

Ella benignamente accolse le mie suppliche, ed io avrei voluto cogliere subito il concessomi onore; ma il compimento delle mie brame, cioè l'edizione dell'Operetta, ho dovuto dilazionare insin a quest'ora, perchè quando Ella favorì il nostro Collegio di Sua pregiatissima visita, era sotto il tor-

chio il mio Dizionario France-
se-armeno, e conveniva condur-
ne a fine la stampa.

Io spero che il presente omag-
gio, che le offre il mio ossequio, non riuscirà a V. S. Ill.
discaro, giacchè avendo Ella
studiata la nostra lingua potrà
più ch' altri conoscerne il pregio. La mia versione stessa or-
nata in fronte del venerato di
Lei Nome otterrà dall' Europa
tutta quell' accoglimento, che at-
teso il suo poco merito non poteva sperare.

Aggiungo a questa Dedica le
proteste della mia più umile e

più sincera servitù, la quale,
se verrà onorata di qualche
bramato di Lei comando, mi
farà conoscere anche coi fatti
quale ora scrivendo ho l'onore
di protestarmi.

Di V. S. Ill.

Umil. e Dev. Serv.
P. PASQUALE AUCHER.

PREFAZIONE

DELL' EDITORE.

S. Nierses Lampronense figlio di Ossinio Armeno padrone del Castello di Lampron, Principe di Sebasto (titolo datogli dall' Imperatore Emmanuel Comneno) nacque l' anno del Signore 1153, e dell' Era Armena 602.

Fu egli allevato ne' più fiorenti Monasteri dell'Armenia, e si perfezionò nel Patriarcale di Romghela sotto l'ammirabile direzione del Santissimo Patriarca Nierses Ghelaiense, il quale ordinollo Sacerdote, e gli diede il nome suo. Prima si chiamava Sembato.

Dopo la morte del Ghelaiense il successore nel Patriarcato Gregorio IV mosso da stima verso il Lampronense, e dalle fervide suppliche del popolo, il creò Arcivescovo di Tarso e di Lampron.

Cominciò allora il Santo Prelato a reggere la Chiesa sua procurandole ogni spiritual vantaggio, accendendo

viemaggiormente per tutta l'Armenia il fuoco di un vivo amor di Dio, e del Prossimo. Egli di questo amore era un modello perfetto, era angelica la di lui dottrina, di cui spargeva i lumi e colla voce e cogli scritti.

Sì, ad una santità veramente ammirabile ed eroica andava in lui congiunta vastissima cognizione di tutte le scienze sacre, e profane. Ed a tutta ragione onorar si poteva col luminoso titolo di Maestro di eloquenza Armena. Conosceva inoltre perfettamente molte altre lingue straniere.

Monumento dell'elevato suo ingegno, e della somma di lui erudizione sono le seguenti celebratissime opere:

1. La spiegazione dell'Armena Liturgia in tutte le sue parti perfetta.

2. I Salmi del Reale Profeta spiegati in senso morale con uno spirito di unzione Divina.

3. I Proverbii, l'Ecclesiaste, la Sapienza, ed i dodici Profeti minori spiegati tanto in senso litterale, quanto allegoricamente.

4. Molte Omelie sulle Feste Dominicali, e molti discorsi d'ammonizioni.

5. Varie lettere scritte con zelo Appostolico a varie illustri persone.

6. La vita di S. Nierses Ghelaiense da lui distesa in versi eleganti.

7. Quattro Inni bellissimi: Uno riguardante la Pasqua, l'altro la Domenica in Albis, il terzo l'Ascensione del Signore, ed il quarto la Festa dei Figli e Nipoti di S. Gregorio Illuminatore.

Scrisse inoltre altri eccellenti opuscoli che per brevità non nomino.

Tradusse ancora molte opere da varie lingue nella sua Armena. Tra queste sono in gran pregio la spiegazione dell'Apocalisse di S. Giovanni fatta da Andrea Arcivescovo di Cesarea, la regola del Patriarca S. Benedetto, la vita ed i dialoghi di S. Gregorio Magno.

Fu adunque il Lampronense un Prelato assai ragguardevole e rinomato per l'ardente suo zelo. Niente gli stette più a cuore che la conservazion della carità, e l'unione tra Cristiani. Le altre nazioni quindi lo chiamavano un altro Paolo Tarsense. Il sullodato Patriarca Gregorio eccitato dal Greco

Imperatore Emmanuel Comneno voleva stabilire la concordia tra le due Chiese Greca ed Armena, divise da lungo tempo l'una dall'altra a motivo di dissensione sopra alcuni punti di Ecclesiastica Dottrina, e di Riti Nazionali. Il mezzo opportuno si volea che fosse un Concilio Nazionale, già cominciato dal suo Antecessore, e pella morte di lui interrotto. Per sì grand'uopo era necessario un discorso preliminare, ed esortativo all'unione proposta. Fu eletto a scriverlo, e recitarlo il nostro Santo.

Egli acconsentì di buon grado alla volontà del Patriarca, e così è riuscito nell'impresa, che pella nobiltà della Dottrina, ed eleganza di lingua meritò senza contrasto uno dei primi posti tra gli Oratori di sua Nazione.

Recitò questa orazione in quel Concilio che fu radunato l'anno del Signore 1179, nel Castello Patriarcale di Romghela nella Cilicia. Così efficace fu il suo dire che tutti i Congregati ben volentieri avrebbero conchiusa la tanto bramata unione, se in quel tempo non fosse avvenuta la morte

del benemerito Imperatore Comneno. Ma il di lui Successore Alessio II. non era dello stesso sentimento, e così quel Concilio non ottenne pegli adorabili giudizii d'Iddio il sospirato suo fine.

Dopo questo Concilio l'Arcivescovo di Tarso visse ancora diecinove anni, passati i quali, pieno di meriti e ricco di messe Evangelica, volò agli eterni riposi il dì 14. di Luglio l'anno dell'Era volgare 1198. Illustre pe' suoi stupendi prodigii fu ascritto al ruolo de' Santi della Chiesa Armena dal Patriarca della Nazione Gregorio VI.

Scrissero la vita di sì gran Santo con tutta accuratezza, e fedeltà il suo prediletto Nipote Nierses, il Monaco Samuele, e Gregorio Dottore del Monastero di Schevra.

Eccovi, o benigno Lettore, l'argomento, e l'occasione della Orazione ch'io vi presento. Tradotta in lingua Italiana non avrà ella tutto il brio, e la energia che ha nel testo originale. Ma ciocchè vien tolto dalla traduzione può essere supplito e dal vostro giudizio, e dal vostro compatimento.

Sono però sicuro, che non ostante i Lettori in questa Orazione troveranno quei pregi, che procurarono all'Autore tante lodi : e prima di tutto ammireranno un lavoro dei più industriosi nel conciliamento degli avvenimenti scritturali con quelli delle nazioni Armena e Greca in fatto di Religione. Questo conciliamento poi piacerà tanto più, quanto che viene esteso non già solo alle principali circostanze, ma ancora ai più minuti incidenti. La dotta e diligente fatica introduce talvolta è vero, qualche lunghezza che ad alcuno potrebbe sembrare soverchia; benchè in fatto non lo sia. Ci appelliamo a voi Lettori dotti, e della Sacra Scrittura conoscitori. In ogni apparente ripetizione voi troverete cose nuove da osservare, e vedrete allusione a qualche nuovo fatto relativo alle dissensioni, per conciliare le quali parlava il sacro Oratore. Si aggiunga, che il progresso delle idee a qualche tratto in questa orazione non accelerato, è nell'originale vivacissimo e interessante pel maneggio magistrale della lingua Armena, con cui la Maestà della sua

eloquenza l'eccellente Oratore orna ed accompagna. In questo scritturale lavoro egli si manifesta tanto versato nella Scienza delle Sacre Carte, che a nessuno anche più nominato Interprete non la cede in dottrina. I sensi più reconditi egli ne sviluppa, e ne applica i misteri più nascosti. Vola per ogni libro, ed è sempre grande o sia che al vecchio, o sia che al nuovo Testamento volga il suo pensiero.

La vastità poi, e la sottigliezza delle controversie, che tra i Greci e gli Armeni, ed anzi anche tra Armeni ed Armeni ebbero luogo, vengono qui così presentate, che mentre sembrerebbe necessario studiare la Storia per conoscerle; si spiegano chiaramente coi soli cenni che vengono fatti per conciliarle. Qui è dove l'Autore si mostra sommo Teologo, e dottissimo nella Storia Ecclesiastica.

Ma per venire al merito oratorio, osserveremo, che è grandissimo. La unzione, e la eleganza, che regnano per tutto lo stile originale, non potevano recarsi in altra lingua. Ma rimane però intatto il filo di tutta la Orazio-

ne, e si troverà adattatissimo a persuadere. I Padri del Concilio si dicono destinati da Dio a stabilire la conciliazione dei dissidenti: si mostra il bisogno di farlo col dipingere a colori energici i disordini allora, cioè nel tempo in cui questo Concilio si teneva, esistenti, senza tacere i mali, che il Concilio precedettero: si dicono con somma arte, onde non offendere alcuno, i motivi di questi disordini, e si propone il più facile e necessario modo di toglierli: si danno a ciò fare gli eccitamenti più efficaci. Quanto è più naturale, tanto è più opportuno ed oratorio il disegno di questa Orazione.

Qual dignità inoltre in tutto il discorso, e quanto degna dell'augusto carattere di cui era l'Oratore investito! Che zelo! Che decoro! Che riverenza verso i Padri componenti il Concilio! La carità offesa dalla nazionale discordia trionfa nella orazione, e dirigge tutte le mosse del dicitore. Questa carità conduce seco tutte le altre virtù, e nella orazione compariscono nel loro aspetto più bello la umiltà più profon-

da, la religione più pura, la morale più accostumata. Amor del prossimo, amor de' nemici campeggiano in questo Autore come se fosse Autore ispirato.

Ma mentre si loda la orazione di S. Nierses, si dilaziona ai Lettori il bene di leggerla. Si finisca dunque, e provi le asserzioni qui avvanzate la lodata opera stessa.

ԱՏԵՆԱԲԱՆՈՒԹԻՒՆ

ՍՐԲՈՅՆ

ՆԵՐՍԻՍԻ ԼԱՄԲՐՈՆԱՑԻՈՑ

Ո՛վ Հարք սիրբ եւ վարդապետք ճշմար-
տութե՛ն։ Ո՛վ քերի ժողովրդեանն գլ-
լուխք եւ Հովիւք։ Ո՛վ տանն այս վերակացուք
եւ մատակարարք. զոր տեսանեմ այսօր գու-
մարել 'ի մի շունչ եւ 'ի մի մարմին, եւ առ գլ-
լուխս Հանուրց պատկանեալ։ Ո՞վ զձեզ աձ'ի
մի 'ի խաղաղս նաւահանգիստ՝ խաղաղարմբք
տիեզերաց, բայց թե որ յերկինց տուաւ մեզ
խաղաղութի Հոգին սբ. եւ ո՞յր աղագաւ, բայց
թե առ սկիզբն առնել շինութե քակեալ եւ
կործանեալ տաձարին այս, զոր սկզբնաչարն
Նաթուգող ՞նոտոր տապալեաց։ Ա՛ն՝ որ եր-
քենն 'ի վաղ ժամանակս յաւար եառ զորբա
սրբութե՛ն մաքուր եւ սբ սպաս պաշտամանն.
զոսկեղենն աստ եւ զարծաթեղենն. եւ ետ
որդւոց իւրոց եւ Հարձից անմաքուր խրախճա
նութեանցն ըմպելիս։

Ա՛ եւ եք եւ մեք գերեալք արդարև 'ի
մեջ ուռեացն անապողութե կախեալք զկա..

ORAZIONE SINODALE

D I

S. NIERSES LAMPRONENSE [1]

––––––––––

O Santissimi Padri, e Dottori della Verità! Ò Capi e Pastori del Popol di Cristo! O Presidenti e Dispensatori della Casa di Dio, che veggo oggidì d'animo concordi formare un corpo solo adattato e conveniente a quel Capo [2], che tutti ci regge! Chi vi condusse a questo tranquillo porto [3], messaggieri di pace al mondo universo [4]? E non è forse quello Spirito Santo, che per nostra pace ci fu dato dal Cielo? E perchè ciò? Se non per dare principio alla fabbrica del distrutto e rovesciato Tempio [5] di Dio, che il primo maligno Nabucco [6] gittò per terra. Quel Nabucco che una volta ne' tempi antichi depredò i sacri e immaculati vasi d'oro e d'argento, che erano ad uso del Santuario, e li diede a suoi figliuoli e concubine per servirsene ne' loro impuri conviti.

Anche noi figli di Sion [7] ivi eravamo prigionieri, avendo pure sospesi i testamen-

կարասես այ մերոյ՝ որդիքս սիովնի . և Հառա
չեաք արտասուօք 'ի յանձզորժ տառապանան ։

Լռեցեալ էին և լջդուք մեր 'ի Հաձնյական
այ փառաբանութենէն . քանզի ոչ ախորժելի
վերէն խաղաղութեն երուսաղեմի որդւոց՝ յա
տար երկիր խառնակութէ երգել զայ մերոյ
օրՀնութեն ։

Իայց արդ՝ լքաւ ժամանակ բարկութեն .
և չափ մեղանացն՝ որոյ փոխանակ պանդխ
տեաք 'ի ծառայութեն, տեղի եառ . Պատարե
զան ամէն եօթանանեքորդ , զոր խոսեցաւ
աձ քերանով երեմիայ մարգարէի . Հեցեցին
նախ քան զայս Հոգւոքն այ անդէաս և զաքա
րիաս . եղեն աւետարանիչք մեզ՝ դարձին և
վերասին քրկութեն . զփառս վերջին տաձա
րիս՝ որոյ Հանդերձեալ էք լինել նորոգիչք ,
առաւել քան զառաջնոյն գուշակեցին արտա
փայլեալ ։

Նորա այս յեսու յովսեդեկայ՝ առ 'ի գլուխս
գշբեբդագարրն պսակ . զարԹոյց Հոգին այ լջդ
զօրաբաբէլն սազաԹիելի . և աՀա եղեն մեզ
գերեդարձք և առաՆնորդք յերուսաղեմ ։

Ուստի և տեսանեմ պայծառ զամենեցուն
ձեր զզէսն ։ Բանզի աՀա Հատեալ են որք
մեր առ դրունս սիովնի . սակայն չեսեա զկա
տարեան ունիմք ուրախութԷ սեպՀական ։
Օ 'ի ՛ոպես այս , մնացգեա. սուն այ մերոյ քա

ti [8] del nostro Dio ai rami di sterili sal-
ci; e versando un profluvio di lagrime, so-
spiravamo oppressi d'affanno crudele. Ces-
savano ancora le nostre lingue dal porgere
a Dio cantici a lui graditi, giacchè come
mai i figli di Gerosolima, simbolo della superna pace, ponno cantar lodi a Dio nella
confusione di una terra straniera [9]?

Ora però è posto il termine alla col-
lera celeste, e la misura del peccato, per
cui eravam pellegrini fuor della patria, sen-
te un confine [10]. Già sono passati i set-
tanta anni [11], di cui parlò Dio per bocca di Geremia Profeta. Lo predissero già
prima Aggeo [12] e Zaccaria [13] per divina
ispirazione, e il fausto annuncio ci diedero
del ritorno, e della nuova libertà. E la gloria del posterior tempio, di cui esser voi
dovete ristauratori, vaticinarono più grande
di quella del primo.

Questo nuovo Giosuè [14] figlio di Giosadech in sul capo si mise la superba corona. Lo Spirito di Dio suscitò Zorobabele [15] figlio di Salatiel. Ed ecco che ci
richiamano dalla schiavitù, e ci sono condottieri inverso Gerusalemme [16].

Io già veggo i vostri volti sereni oltre
l'usato, perchè già i nostri piedi giunsero
alle porte di Sionne. Che se non ci troviamo ancora una perfetta allegrezza, ciò nasce, perchè la Casa del nostro Dio è ancor

կեալ և կործանեալ տեսանի. զիարդ ընձու՞ն
անվթար ,յորժամ փոխանակ զարդուցն շեղ-
ղից տաճարին՝ միայն զխանձողան տեսանեմբ
՛ի ճարակմանէ Հրոյն մնացեալ ՛ի նաբուզար-
դանայ ։

Սակայն մի՛ Վատիք , քանզ լերուք ճար-
տարապետք իմաստունք. թւեն Հարէք նորա
զել զընակութիՙ այ ձերոյ. ինքն զձեզ աձ ,
և ինքն զայս գործ Հրամայէ քերանումբ սրբոցն մարգարէից կատարէլ։ Բա որում և
կեալ զաքարիաս՝ խօսի առ մեզ քանիւն ՙայ ։

Բաս ո՛վ երանելի մարգարէ , է՞ մեզ կարէ-
լի սակաւաւորացս և նորոզ զերծելոյս՝ զձշնա
բիստ սողոմՙնի զտաճարս դարձեալ բատ առա
չին փառացն իւրոց նորոգել։

Պատասխանէ մարգարէս ։ ,, Այսպէս ա-
սէ ՙտր ամենակալ. զօրացին ձեռք ձեր , որ
լսէք զբանս զայսոսիկ յաւուրս յայսմիկ ՛ի քե-
րանոյ իմոյ . և եղեցի որպէս էիք յանեձա ՛ի
մէջ աղգաց տունդ յակոբայ և տունդ իս-
րայելի , նոյնպէս ապրեցուցից զձեզ , և եղի-
ցէք յօրՀնուՙին. Վաջալերեցարուք , և զօրացին ձեռք ձեր . զի այսպէս ասէ ՙտր ամենակալ. որպէս ՛ի բարկացուցանել զիս Հարցն
ձերոց Հարշարեցի զձեզ , այստա և այժմ զղղ-
Ջացայ , և նոյնպէս պատրաստեալ եմ և խոր-
Հեալ եմ բարի անել յաւուրս յայսմիկ և-

distrutta ed atterrata. Come mai possiam godere di allegrezza perfetta, se ai magnifici ornamenti del Tempio furono sostituiti tizzoni di fuoco divoratore lasciati da Nabusardane (17)?

Con tutto ciò non vi perdete d'animo o sapienti Architetti, fate coraggio, e della Casa del vostro Dio cominciate il ristauro. Egli qua vi condusse, ed egli vi comanda per bocca de' suoi Santi Profeti d'accingervi al compimento di una sì nobile impresa. Ed ecco che incontrandovi Zaccaria, a nome di Dio così vi parla.

Dì pure, o beato Profeta, s'egli è possibile di riedificare il tempio, e ridurlo al suo antico splendore, essendo noi sì scarsi di numero (18), e sì di fresco dalla schiavitù liberati?

Risponde il Profeta (19): „Così dice l'Onnipotente Signore: Saranno rinvigorite le vostre mani, le mani di voi che siffatte parole ascoltate dal labbro mio. E siccome foste in maledizion fra le genti, o famiglia di Giacobbe e d'Israele, così vi donerò la libertà, e sarete mai sempre in benedizione. Fate coraggio, e le vostre mani saran rinforzate, perchè così dice il Signore Onnipotente: In quella guisa che io vi afflissi, allorchè i vostri Padri allo sdegno mi provocavano, così ora mi pento (20), e sono pronto e disposto a beneficare in questi gior-

ruwwqtir l wntr jurwwj. pwqwltrtqw
rup. Iu wyw pwup tu qor wrupqtp. Iunt
qwruup qwmwrwnitr urwpwnwtr und tu
ltr urum, l qwwwwn wrqwrut l
wwwunit quwtqtp 'r qruwn qtp. Iu
urwpwnwtr und tultr urum qwwwtu
wntiw ut wnrtr qnup 'r urwwu qtp. l qtp
qnuru wum ut urtp. qt qwyw tum wntqt,
wt tor wutwwwwww: Wu qtp qtrw qtp 'r
wwwwwrw qtp. tut 'r twwu, wrtp
wwy, l wwtqt qnuuq. l wwttqwyq qn
wwl l wwrwuwtqwy wt tor ,,:

Wq 'wt wwwy qup wutttwwu wwy
tr tu wy qtrw. wy'u'wr wwwwtw qwtq 'r
wtq wwwu trtutq. wwwwwu qwwwtp, wtp
wwwp 'r wwtw wwwwwu, l wwwwwu
wwwwu, l qwrwtwy wwww 'r www wrwy
wtp wwwwwwwww' wwwwwrwp wuttww
wwwwtwwwu, wwttwwt qwrt qqwrt www
wy wtrw jwt wt:

Iu wt, wwwp wwt jww qtp, tww qwu
wwyw utwwwup qwwrwqwwwt urwuw
tqr wtwwwwwwy. qwwwwwuw wwwwt wtq 'r
qwwwwwwy utrwwtu' qtww wwrqwp.
qwwu trwwut wwrqu wtrq wtp utwww
wwttqwwp. qt wt wwwwww www wtp, qtu
tu wtwty qtwq jwrtww wtrtu wwww
twwy: Wwwwww' qt wt wwww yqtu wtq

ni Gerusalemme, e tutta la Casa di Giuda:
Confortatevi. E questo è quello che far voi
dovete. Siate sinceri gli uni cogli altri, e
giudicate in giustizia e pace alle vostre porte; e nessuno di voi più non ricordi le an-
tiche ingiurie ricevute dal prossimo; non
vogliate giammai giurar il falso, perchè tutto ciò io odio, dice l' Onnipotente Signore. Ma piuttosto [21] animatevi al viaggio,
ascendete sulla montagna, e tagliate alberi,
onde riedificare la mia Casa, e mi compia-
cerò d'essa; e in questa guisa sarò glorificato, dice il Signore. »

Ed ecco che tutti voi udiste la voce del
Signor vostro Dio. Quella voce, che qua
vi trasse dai quattro venti del Cielo [22].
Figlie di Sionne che foste nudrite tra la con-
fusion di Babilonia, e nel tumulto di Cha-
lane [23], e che vi svegliaste tantosto subito che
il volle il nostro Santissimo Pontefice [24];
e voi tutti quanti siete del popolo, su via
accingetevi a dar principio alla Casa del
nostro Signor Gesù Cristo.

E se lo credete ben fatto, consigliatevi
con quell'Esdra, che è Dottor della Legge.
Schiacciamo, battendoli incontro il sasso,
quanti nacquero figli ai Caldei [25]. Entriamo nei desiderii di felicità, di cui ardeva-
no i nostri Padri, acciocchè Dio non si sde-
gni con noi vedendoci per anche deviare
dalla santa sua legge. Così nella magnifica

'ի քաղըրք գործառնութէ սրբոյ տաճարիս
չիՆութէ ծնանըք օտարացն ։ | չ ապա լինէ
զի մեզ վայելչապէս գչիՆուածոյ տաճարիս
քուոՆ հարկանել ։ Օեա այտարիկ առատ գըտ
ցուք զպաշտպանութէ ամեՆաբաւական ձե
ուինն 'ի տանձ իւրոյ Նորոգութէ ։

Գ,յՆ թեիրես ոչ ընդարձակութեամբ ա
պացուցիս քամեաՆ զմեզ' արտաքոյ արշաւել
խորհրդոյս զօրութէ ։ |վԳ ոչ բնաւ այս կար
ծիք, որ հաւաՆեաւս եմ ճշմարտութեՆ' որ 'ի
պոդրոս վերաձայնմ ։ Գ,յն տեՆայն օքԵտԵաս առԵ
լիՆէք առ Նատ, եւ կրԵստա 'ի մեջ լարրապետուՄԷ ։

Վ,աՆդի թե հաւատամք զերձանել այլ
եամբ ճշմարիս գաւՆն յանեքԵոյթ փա
ռաւանէ' որպէս եւ Նոքա 'ի զգալւոյն, եւ ամե
ցաՆել ընդ ձով մերացն' որպէս եւ Նոքա ընդ
կարմիրն, եւ ուՆել առաջնորդ զհոգԵոր վէՄ'
որպէս եւ Նոքա զմարմնաւորն, եւ մտաՆել
ջնբս յոբս լերկիՆս' որպէս եւ Նոքա յետուա
Նաւեաց յերկիրն աւետԵաց ։ եւ եղԵ այս ա
մեՆայն ընդ մեզ սիրով եւ հաւատով, որպէս
եղԵ ճշմարտապէս ։ եւ ագաղակԵՆ ամեՆայն
գիրք Մ̃ծաչունք, թե զատուԵր հաՆդԵրձԵ
լոց բարԵացս ՆկարագրԵցԵն օրԵՆքն ։ ապա եւ
տաճար չիՆԵցաւ 'ի մԵջ մԵր Ʌ̃յ' որպէս եւ առ
ՆոքԵք ։ եւ խորան վկայութէ շրջԵցուցաՆԵաք

intrapresa del Tempio Santo di Dio non ci saranno d'ostacolo i figli stranieri, e potremmo metter mano risoluta alla fabbrica di questo Tempio . La protezione della onnipossente mano di Dio nella rinovazione della sua Casa sarà pronta, ed efficace .

Ma io temo, che taluno sia per rimproverarci l'introduzione di questo esempio [26], come che fossero stati trascorsi i giusti limiti segnati al bisogno di questa Orazione . Ma questo certo non è avvenuto, poichè sappiamo che un giorno S. Paolo disse . *Tutto ciò avveniva loro in figura , e fu consegnato allo scritto per nostro ammaestramento* [27].

Imperciocchè se crediamo d'essere liberati mercè il sangue del vero Agnello [28] dall'invisibile Faraone, come gli Ebrei lo furono dal visibile ; se passiamo il mare del peccato, come quelli il Rosso [29]; se abbiamo condottiera la Pietra spirituale [30], come quelli la corporale [31]; e se entriamo per Gesù Cristo ne' Cieli, come quelli seguendo Giosuè [32] figlio di Nun entrarono nella terra promessa: tutto ciò per tratto di carità e di fede a noi avvenne, come di fatti successe agli Ebrei. Giacchè tutti i Libri santi a chiare note mostrano, che la Legge figurava i beni avvenire [33]. Anche fra noi dunque fu edificato il Tempio al nostro Dio, in guisa eguale che fu edifica-

ընդ մեզ յառաջ քան զնոսա՝ մինչդեռ յանա
պատն պանդխտէաք։

Այլ ընդէ՞ր է ինձ պատրուական զրնթացս
քանիս ՚ի յառաջ ձգել, եւ ոչ մաքուր հաւա
տոյ ձեր առաջի դոյն մերկացուցանել։

Կանգնեցէ՛ն մեզ առաքեալքն սիւք Հրամա
նաւն քոյ, մինչդեռ յանապատ Հեթանոսացն
Հալածմանց շրջէաք, խորան վկայութէ մա
քուր Հաւատոյ. բառ որում առաք առաքեալ.

,,Այլ հինն եղէ դմ քն, արդ՝ իւրաքանչիւրոք
զմ՛իջ լնէ ՚ի շինեէն. զի դուք էք տաճար
այս կենդանւոյ, եւ Հոգի այս բնակեալ է ՚ի
ձեզ. եւ քո իբրեւ զորդի իշխէ ՚ի վերայ տան
իւրոյ՝ որայ տունն մեք իսկ եմք, եւ տանս քա
Հանայապէտ՝ քո,,։

Օայս տունն Հաւատոյ՝ զոր ՚ի վերայ քոտ
շինեցին նոքա, եւ քո ՚ի վերայ իւրեանց. ՚ի
վերայ այդր ասէ մինի շինեցից զեկեղեցի իմ.
շրջեցուցին տաճէն մեր բազում ժամանակս
յանապատ կռապաշտութեանն Հալածմանց՝
փառօք եւ պատուով։ Այլ աստ եւ ՚ի ներքոյ
այսր Հաւատոյ իմանալիս տան՝ յորում էք
տախտակ ոմ՛ծագից մարմնոյն քո, եւ զաւա
զան նորին ծաղկեալ՝ վկայէն պատարագե
ցան, մարտիրոսքն նահատակեցան, քաՀա
նայապետքն սիւք զատաքինութէ նոցա այ նը
ուիրեցին. մինչև կամէն այ քաղցրացաւ. եւ

  . .

to tra di loro. E fino a che eravamo pellegrini là nel deserto, seco noi conducevamo il Tabernacolo del Testimonio (34).

Ma perchè voglio io tenervi discorso allegorico, piuttosto che dispiegar tutto innanzi alla vostra purissima fede?

Per comando di Cristo, mentre per anco andavamo erranti pel deserto delle persecuzioni pagane, i Santi Appostoli ci piantarono il Tabernacolo del Testimonio di pura fede, come dice S. Paolo: ,, Io posi per fondamento Gesù Cristo, ciascheduno adunque sia attento nell' edificare, perchè voi siete il vero Tempio del Dio vivente, e lo Spirito di Dio fa in voi il suo soggiorno. E Cristo come Figliuolo presiede alla sua Casa, che siam noi medesimi; e Cristo è di questa Casa il Pontefice ,, (35).

Questa Casa di fede, che quelli edificarono sopra di Cristo, e Cristo sopra di loro (sopra di questa Pietra (36), dice egli, edificherò la mia chiesa) i nostri Padri (37) condussero per molto tempo pel deserto dell'idolatra persecuzione con molta pompa ed onore. E qui dentro di questa Casa spirituale di fede, in cui v' era la tavola segnata dalla mano di Dio, cioè il Corpo di Cristo, e la di lui verga fiorita (38), campioni illustri furono offerti in sacrificio, perdendo la vita tra i più crudeli tormenti; ed i Santi Pontefici offrirono a Dio le loro belle virtù: fin-

որպէս զնացս յերկիրն պարզեաց՝ ած զմարդ 'ի
խաղաղութիւն եկեղեցւոյ առ բարեպաշտ թա-
գաւորսն ։

Ս ա՛ն այտորիկ որպէս սողոմնն դղեւրաշ․
քելի տաճար խորանին կանգնեաց, և յարձա-
նեաց տուն մ՛յ Հատատեաց, այսպէս և քա
րեպաշտ աղքատն կոստանդիանոս գայար անդր
տարբերեալ տուն Հաւատոյ եկեղեցւոյ քեի՝
'ի ճեռն տիեզերական ժողովոյն նիկիայ անխախտելի ամրութ̔ ̄ անդեալ Հատատեաց ։
և գրկթէ նոր ճեացեալ պայծառացոյց զա
դատդեա՛ն 'ի պանդխտութ̄ Հալածանացն ա
նապատ՝ առաջին գեղոյն շքեղագարդեալ ։

Ոչ շինեցաւ այս տաճար մեր ճշմարիտ
Հոգեւոր՝ առ կոստանդիանոսւ 'ի ճեռն օք,ֆք
Հարցն, որպէս նոցայն գգալի առ սողոմնիւ,
և գիրն երեծաւ, իսկ ճշմարտութ̄ս 'ի նոյն
ճե երանգոյ անմեքար գեղեցկացաւ։ Ոչ խո
րանն մկալութ̄ է շնորհացն քեի՝ զոր առաքեալքն կանգնեցին, և Հետևողքն շքեցու-
ցին, առ սովաւ անխախտելի անդութ̄ 'ի
ճեռն ոֆյ ժողովոյն նիկիայ Հիմնեցաւ ։

Ոչ արկաւ ապա յայս տաճար գաճոյ
ֆֈ․ ոչ սեղան ոսկեղէն քաւութ̄ զոր մովսէս
Հրամայեաց, և քերելլեֆ շինեաց․ այլ Հե․

chè a Dio piacque; e come condusse quelli alla terra promessa, così noi pure condusse alla pace della Chiesa sotto Re piissimi (39).

Onde siccome il gran Salomone (40) piantò il portatile Tempio del Testamento, e stabilì a Dio una Casa di pietre, in simil guisa il piissimo Re Costantino rassodò fermamente col mezzo dell'Ecumenico Concilio di Nicea (41) la Casa della Fede di Cristo agitata e bersagliata per tutto; e quasi di bel nuovo riformando ciò ch'era contraffatto nel deserto pelle persecuzioni del pellegrinaggio, lo rese illustre, e lo restituì al suo primiero decoro.

Fabbricossi questo nostro vero e spirituale Tempio sotto il Regno di Costantino coll'opera di 318 Santissimi Padri, siccome il materiale tempio degli Ebrei pelle cure del allora regnante Salomone. Cessò la figura, e la verità sottentrò mostrandosi nella stessa forma e bellezza. Ed il Tabernacolo del Testamento della grazia di Gesù Cristo, che gli Appostoli piantarono, ed i loro successori portarono qua e là, ebbe ferme fondamenta, allorchè questi regnava, pelle decisioni, e stabilimenti del Sacrosanto Concilio di Nicea.

Fu di poi innalzato in questo Tempio il Trono di Dio. Nè già l'Altare dell'espiazione fatto d'oro, che Mosè ordinò, e Be-

գութն խնամարհութն և սէրն նորա, զոր քեզ
Հրամայեաց, և առաքեալքն նորքին գործե֊
ցին, և մեզ աւանդեցին։ Հանզ̌էր 'ի սա նա,
որ երրեանն չունէր տեղդն` ուր զգլուխն դնէր.
Համձռեալ 'ի սմա բնակել, քան 'ի կատա քե֊
րովբէականս։

Իսկ յորժամ տեսանն մարդիկ` թէ տանձար այ
եղեաք, և Հոգի նորա աւրրբ բնակեաց 'ի մեզ,
փոխանակ անշունչ տարերաց խմատանացեալք
խորհրդով, որպէս յայնժամ ցեզզն խարայե֊
լէ` տայէն եիւթ խորանին այ` ոչ ոսկի, կա֊
պուտակ, կամ ծիրանի զգալի, այլ զանձինս
իւրեանց. ոմն մաքրութ̇, ոմն խնամարհ̇,
ոմն վկայական արեամբ։

Ասուքին Հարտաքապետքն իմաստունք,
և գործեքին սրբոք զառազատ և զխորան
վկայութ̇ աշ̇ութ̇ քհի։

Ո՛չ զոք 'ի նոցանէ խարեալ մերժեին,
թէ և յանպատկան նիւթոյ` թէ պղնձ, թէ
մագ այծեաց, րստ իւրում չափոյ և Էստհ֊
Հացն` պատկանեին զնոսա 'ի նիւթ խորանին
Հաւատոոյն. այսքան` զի և պոռնիկ գզճա֊
ցեալք` եղեն 'ի սուն քոյ զարդք, և մար
դասպանք ողորմուն գոեալք, և ուրացու֊
թ̇ սեացեալքն` և դարձեալ գզձացեալքն։

seliello (42) costrusse, ma la mansuetudine,
l'umiltà, e la sua carità, che Cristo (43) comandò, e i suoi Appostoli praticandole a
noi lasciarono per deposito. Si riposava su
questo Trono quegli, che una volta non a-
veva luogo dove appoggiare il capo, e si
compiacque di piuttosto abitar quivi, che sul
carro dei Cherubini.

E allorchè videro gli uomini, che divenimmo Templi di Dio (44), e il di lui Santo Spirito in noi fece la sua dimora, fatti
a ragione sapienti, come allora le Tribù
d'Israello (45), invece di elementi materiali
offerivano al Tabernacolo di Dio non oro,
non giacinto, non cocco, sensibili doni, ma
le anime loro; chi mediante la purità, chi
mediante l'umiltà, e chi finalmente col mar-
tirio del sangue.

Il che prendendo i saggi Architetti (46)
con ciò facevano la cortina, e il Tabernacolo del Testimonio (47) della Divinità di
Gesù Cristo.

Nella scelta non si rigettava alcuno di
questi (48), benchè fosse questa materia non
competente, foss'egli bronzo, o fosse pelo
di capre; secondo la misura e la grazia di
ciascheduno si adattavano al Tabernacolo
della fede. E voglio dire con questo, che
anche le meretrici pentite servirono di ornamento alla Casa di Cristo, e gli omicidi,
e fino i denigrati per apostasia ebbero mi-

Քանզի պետոյ է ամենայն 'ի զարդ խորա
նիս հաստարակաց՝ թէ խում, թէ ղուժ, թէ
սկիւթացի. և ամենայն 'ի քեռ, և յամենայն
քեզ յարմարէր :

Ո՛չ թէ յեզիպտոսէ միայն խաբեցէն և ա
ոնն զպյս նիքիիս, այլ յեբրուստաղեմէ միննէ 'ի
փերրիկկայ, և 'ի Տաբրուայ միննէ յչտենիկու
ռայ, և 'ի ժատանգութեն սեմայ միննէ 'ի
ծարզ Տիսոսիայ տանէն յապէ թէ Տետիատու ըն
թացեալ՝ զամենեսեան աշակերացեին Տոգ
ւով զորացեալքն և մարմնով տարապեալքն :

Ո՛հաւատոյ խորանս յերկրէ կանզնեցեն,
որպէս զի նեբգործութի գործոյն այ՝ տացե
այ, և մէ մարզկային մարմնոյ : Ա՛ւ զխորդ
մարզկան կարեղէ, որ 'ի Տոգիացեւոյն սբբոյ
կատարեյու Տրաշալէ, նոքա՝ որ զչորս ան
գիւն աշխարՏէ, մարզ մէ և անձն մէ և շունչ
մէ և մարմին մէ և տաճար մէ այ իբրևանց
արարին :

Ա՛ւ սքանչելեացս. գործ՝ այն որ տկարա
նայ բանութիւն Թազաորաց և ուժգ
նութիւն իշխանաց, մշացեալքն և շարբա
րեալքն զորեցին աւարտէլ : Նոքա՝ որբ մե
ււալ եյին աշխարՏէ, և կենզանիքը այ՝ նոքա
յայս զարմանայլ միակրոնութիս աձեալ զա
ւնեսեան փակեցեն : Նոքա՝ որբ խազացա

sericordia, e di bel nuovo tornarono al sen
della Fede. Tutti all'ornamento del comun
Tabernacolo sono necessarii, il Barbaro [49]
e lo Scita; tutti si univano a Cristo, e Cristo tutti accoglieva.

Nè solo dall'Egitto fu tolta questa materia [50], ma cominciando da Gerusalemme
fino all'Illirico, e dal Mezzogiorno fino a
Rinocòrura [51], e dall'eredità di Sem fino
all'estremità settentrionale della Casa di Jafet,
correndo a piedi avvalorati nel loro spirito,
benchè afflitti di corpo, fecero tutti loro discepoli.

Piantarono in terra il Tabernacolo della
Fede, acciocchè l'effetto dell'opera di Dio,
a Dio si attribuisca, e non all'uomo. E come mai era possibile agli uomini ciocchè
fu da quei Santi pieni di Spirito mandato
ad effetto miracolosamente? Da quei, che
dei quattro angoli del mondo fecero un
tutto solo, una medesima persona, un'anima, un corpo, e un solo tempio al loro
Dio?

Oh prodigio! Gli afflitti [52], e i trava-
gliati furono capaci di condurre a fine un
tale affare, innanzi cui non ponno resistere
nè la potenza dei Re, nè la forza dei Principi. Quelli che erano morti al mondo, e
viveano a Dio, quelli che di tutti si fecero
guida, tutti ancora condussero a questa union
ammirabile della Religione. Sì, questo ot-

բայց երդեն տիեզերաց , և յօղակապէ ՚ի քա_
ղան բառանելոցն ։

Ի՞ր վասն այսպէս զօրացեալք · յմ՞ե է · մի՛
գէ անստոգիա Հաւատով ՚ի գործն այ կանխել_
ցին · զի առ Հանդերձեալ փառաս միշտ արթ_
նութ՞ ր Հայեին ։

Ուստի և առՀասարակեալ վերկեցելոցն զանն
ձինս յօժարութ՞ դնեին · բազ այմ՞ զոր գէ
առաքեալ · ,, Նոյերիմ ՚ի վերայ պատարագի
և պաշտամ՞անն ձերոյ, ուստի և ինձ ամ՞ և ու_
րախակից եմ ամենեցուն ձեր ,, ։ Ոյ պակե_
Հիմն եկեղեցւոյ պետրոս առեր · ,, Օ անգա
 շարշարանաց եղբայրաւ՞ ձերոյ յանձինս կա_
տարեալ ,, ։

Ի յապես եղեալ պատկեր քոյ երկնաւ_որ
խաղագարարին արեան և խաչի, ապա կարա_
ցին Հաւատալ զնոյն ՚ի յերկիր՚ աշակերաք
ոերոյն սիրելի ։

Իւ ինդրեմք՝ զի՞նչ պիտաղ խաղաղութ՞
յայսմ՞աւ, զոր ետուն աշխարտի. զի՞նչ այլ ·
բայց եթէ երկիրս երկին եղև, և փառքն որ
՚ի բարձունս էր ՞այ, և յերկիրս տարածեցաւ ·
և սրբասանութ՞ն սրովբէից ՚ի թերանոյ Հա_
տարակաց մարդկութեանն եղից զայս տաձար
Հաւատոց Հոգեւոր՝ անՀանգիստ աղաղակաւ ։

Ա կայքն զինեին, և զօրագլուխքն մարզք_
ին · առաքկուքն ապտեին, և վարժիչքն քաշա_

tennero i pacificatori di tutto il mondo con-
giungendo que' tutti, ch'eran divisi in Cha-
lane (53).

E perchè furono così rinforzati? Perchè
con una Fede irreprensibile si dedicarono
alla grand'opera di Dio, perchè con una
vigilanza continua avevano sempre innanzi
agli occhii la gloria ventura.

Quindi ben volentieri davano se stessi in
pegno per quelli, ch'erano da salvarsi, conforme scrive l'Appostolo: „ Mi offro (54) in
sacrifizio per voi, in ossequio della vostra
Fede, e perciò seco voi rallegrandomi mi
consolo „. E San Pietro base e fondamento della Chiesa diceva: „ Sentendo in noi
il peso delle passioni della vostra Fraterni-
tà „ (55).

E così fatti immagine del Sangue, e della Croce di Cristo celeste Pacificatore i
prediletti discepoli della Carità, hanno potuto stabilire sulla terra questa pace.

Ma noi domandiamo adesso: e quale è
mai questo frutto di pace, che allora recarono al mondo? Ecco. La nostra terra divenne un Cielo, e la gloria che lassù si
mostrava, si propagò anche sulla terra, ed
il Trisagio Serafico (56) sulla bocca di tutta
l'umanità empì d'incessabili grida il Tempio spirituale della Fede.

S'armavano i Martiri, i loro Condottieri
li addestravano al combattimento; prende-

լերեքին . ձգհութքեն ժուժկալ լլնեքին , և զ
դորմութքեն առատացուցանեքին . զպեքն տալ
րաձանեքին , և զձնեան 'իմանե որդխ՝յալ
զեալ պատուեքին . միշտ երկնային մանանայ
իեն պարարեալք կերակրեքին , և յաեոտապա–
նական մխմեն առոգեալք ծաղկեքին :

 Նաեւս բարձրեանեաս աձ և հանեգաւ. Հայե
գաւ 'իեորեն Հաթեկ՝'իմիաձքինն իւր որդե , և 'ի
պատարագ մարմնոյ իւրոյ՝յեկեղեցե , և Հմ
տուեցաւ 'ի Հոդ անուշից : Նանեն ճնրոտ պյ
սոՀեանեկ յանապատե կոապացո իշխանացն
Հալածանաց , և աձ 'ի սաղիմ Հոգևոր և
մարմնաւոր խաղաղութե 'ի ձեռն բարեպաշտ
Թագաւորաց :

Ա ՛ռ 'ի ձեռս զգաւազանն երկաթի , և
սկսաւ նովաւ Հովուել զեկեղեցի իւր . ո՛չ
սատակութք որպես գիսրայել , այլ քաղց
րութեանք և ողորմութք. զի որ սատուին
վշշեաց ճնոտ , քաղցրութքն անդեալ միա
ցյց զնոտ . և զի խրատն վարժեաց զորդին
'ի Հնագանդութ , յետ այնորիկ և զպեքն նոցա
սկսաւ աձ ցուցանել : Ամխոքեաց զաւր բաղ
կութեն , և զգաժանեն պղոոյ՝ զոր ապրոյց
զստեր սխոմմի . և ֆորժեաց , և եւո նոյա ընդ
Հոգևոր խաղաղութեն և զմարմնոց անդրո–

vano coraggio i Campioni [57], e gl'Istruttori
li rendevano sempre più animosi. Soffrivano
con pazienza le tribulazioni, e s'impiega-
vano tutti nelle opere della misericordia.
Diffondevano la loro carità, e quelli, che
da quella erano generati, stimando loro figliuoli, li onoravano. Cibandosi sempre di
celeste manna [58], si fortificavano, e leg-
giadramente fiorivano innaffiati dalla pietra
Evangelica [59].

Ciò vedendo l'Altissimo se ne compiacque,
volse gli sguardi sul novello Abele [60], cioè
sull' unigenito suo Figliuolo, e sull' Ostia
del suo Corpo, vale a dir la sua Chiesa, e
ne sentì soave, e gratissimo odore. Quindi
li trasse dal deserto delle persecuzioni mosse da Principi idolatri, e coll' opera di piissimi Re li condusse in Gerusalemme città
di pace spirituale, e terrena.

Prese nella sua destra la verga di ferro [61],
e cominciò a regger con essa la sua Chiesa. Non però con quell'asprezza, con cui
governò un giorno gl'Israeliti; ma con dolcezza e misericordia; onde dispersi quelli
con forti rimproveri, fossero congiunti questi con ogni dolcezza. E perchè l'ammoni-
zione aveva condotti i figliuoli all'obbedien-
za, anche Dio cominciò a mostrare la sua
carità verso di loro. Ripose nel fodero la
sguainata spada del suo furore; e ritirò il
feccioso Calice, che diede a bere alla fi-

բութիւն . Նկատն արար զանուրն կռապաշտից
զբութիւն 'ի պատանձնունցէ նոցա . եւ արգարբ իրա-
սումբէն յարդեց զԹագաւորա աղդարս եւ ամնա
պաշտու : Նա 'ի ձեռս նոցա դկրան ժամու Հա-
հատող իւրոց , զի անտառ 'ի մարդկային Հնա-
րից արձանօբն Հոգեւոր վիմաց վնոյն չկեցա-
ցէն :

Այծ 'ի ձեռն բարեպաչտն կռատանգնա-
նոսբ` նոր մեր աղդամնի , 'ի չորից եգերաց
ամխարՀի զձատապատաւ իմատունս , եւ
զնկեաց նաբոզ զաստաձր Հաւատոյ եկեղեցոյ
իւրոյ վայելւլ : Որ դրուագրեցին զաստ անաս
պական իմատրիցն ոսկով , եւ նկարեցին
զտնվաս զբրումբս երկնային յերկրի , եւ ա-
րարն զնաց տեղգերս մի տուն միոյն քին եւ
եկեղեցի : Որ ոք եր աղբատ յայնժամ 'ի բաս
բեգորձունէ . այլ իրրե զբարքնս եր ոսկի
եւ արձած յերկրի վերում . զմաբրունն իմն
եւ զարբունէն :

Այստան ապա Համեջձակ բսՀանայս-
պետող յաջորդս քին 'ի վկրայ տանն իւրոյ .
Հովիւբ իմատունբ սկսան գՉոտան սպածել .
բսիբէբ լինել , եւ գբոնեալ անդամին յաբա-
վեբ . բսՀանայեն արԹունբ` պկունկ ժողովբ
գնանն Հուիրել :

Նա յամժամ իրրե գնեսս սչեգապար-
գ եալ եր տնանել , գձձենան յատապատ
 իբբ իա : Վայն արձակեր բարոբ` առ կայն

glia di Sion (62); e provandoli diede lor
colla pace spirituale anche quella del corpo. Tolse dal loro collo la catena del dominio idolatra, e con la sua giustizia suscitò Re giusti e piissimi. Consegnò loro il
Tabernacolo della sua Fede, acciocchè lo
stabilissero con pietre spirituali da umano
scarpello non lavorate (63).

Chiamò per mezzo del piissimo Costantino, nostro novel Salomone, dalle quattro
parti del mondo periti Architetti, e per essi edificò il magnifico Tempio della Fede
della sua Chiesa. Questi l'adornarono col-
l'oro della incorruttibil sapienza (64), e di-
pinsero intorno ad esso i celesti Cherubini
in terra (65), e fecero dell'universo una sola
Casa di un solo Cristo, cioè una sola Chiesa. Non v'era allora alcun povero di buone
opere, anzi come le pietre v'era sulla nostra terra l'oro e l'argento, la purità cioè
e la santità.

Si posero poi francamente i Pontefici,
Vicarii di Cristo, al governo della sua chiesa. I saggi Pastori cominciarono a dar pa-
scolo alla loro greggia, a farsi medici, e
tagliare le putride membra. Ed i vegghian-
ti Sacerdoti offrirono l'incenso del Popolo.

Bello era il vedere allora Cristo, come
uno Sposo nobilmente adornato nel suo Ta-
lamo, che parlava con voce soave alla sua

ողջութժ. ,,Ինգարձակեմզուեղն խորանի քո
և զպարածեց քոց, կանգնեա՛, մի՛ խնայեր. եղ
կայեա՛ն զպարաանդակս քո, Հաատուեա՛ ցղ
ցեցս քո. յաջ և յաչեակ ընուցջեր. և զա
ավ քո զՀեթժանոս ժառանգեսցէ. և զքա
ղաքս աւերեալս ՛ի կուապաշտին շինեսցես ։
Մի՛ առ երկնչեր, ժէ մինչև ցայժմ նոքող
յամօժ արարի զքեղ. զի երդուայ, և ո՛չ ևս
զղշացայց ՛ի քեզ ընակել Հաճութ՞ է՛ որ ես
Հանգիստ իմ յաւիտեանս յաւիտենից ,,:

Ոյոյմժամ՝ որ վարանեին պաղտնի սկզենա
չարն ԹԷաամին, ծանուցեալ՝ ժէ մեքենայէն
իբր խայտաակեցան, սրեզեբք ամ՛պաշտու
ԹԷ ծաղկեցան, աատրեալ՛են դաբձեալ վիրը
կեցան, ժառանգորձ՛ը դրախտին ՛ի Հայրե
Նիան փութժացան, երկրաքարշ Հեշուժիւն
տեղի ետ, և երկնային սբջուժ՛իՆ պայծառա
ցաւ, զորձի առելոււ՛Թժ՛ն խորոտակեցաւ, և
պտոււղ սիրոյն սկաավ բազմանալ, յույս ամ
Նեցուն ՛ի ատոթնայնցա վերացաւ, և յերկ
Նային կայամն Հաննգեաւ՝ առտաքա սողէը յոր
զեն չարույԹ՛է, իբրև զատիւձ գոտելով շԹէբ
բացեալ զկոկորդ չարույԹ՛ն՝ չանացեալ աա
՛ի կանել զեկեղեցին փրկեալ քթին:

Մակաին ակարն նկուն ւենեբ ՛ի սկզաան.
և մի շունեն և մի մարմին ՛ի գլխոյն զորա

castissima Verginella (66): „ Dilata pure il
luogo della tua tenda, e de' tuoi atrii; pianta pure senza risparmio; stendi le tue fu-
nicelle; assicura i tuoi pali, e spiega i tuoi
vanni a destra, ed a sinistra; e la tua stir-
pe possederà le Genti, e tu rifarai le ro-
vesciate Città degli idolatri. Nò, non teme-
re, se fino ad ora per mezzo d'essi io ti
colmai di confusione. Perch'io giurai, nè
giammai mi pentirò di fare in te con com-
piacenza la mia dimora, poichè tu sei il
mio dolce riposo ne' secoli de' secoli „.

Allora il primo nemico, che di soppiat-
to tendeva agguati, vedendo che le sue
macchine erano state scoperte, e che il divin culto per tutto il mondo fioriva; Scorgendo che quelli, i quali erano ingannati,
si riscattavano, che gli eredi del Paradiso
s'affrettavano alla loro patria, che i terreni
piaceri erano allontanati, e la celeste santità mandava i suoi raggi, che lo strumento
dell'odio era infranto, e il frutto della carità cominciava a moltiplicarsi, che la speranza di tutti non più volta alla terra ago-
gnava alla celeste abitazione; fuori (67) della caverna di sua malizia uscito qual Leone
andava ruggendo intorno; e tenendo aperta
l'ingorda bocca, divorar pretendeva la Chiesa già da Cristo ricuperata.

L'impotente però venia ben battuto in
sulle prime; e quelli che erano uno spirito

ցտայք՝ անզդրծ զմեզքենայս թշնամանքին առ
նէին։ Թէ ձզեր 'ի ատկղրական նետւցն 'ի մե-
րայ ունանց պատնեւցիք կամ սպանւցիք,
կամ այլով աիատև Տարեայ, ևնստ' երագեքին
քմիշկեն իմաստուեք, և յառաջին առոջ
քնուքն Տատատեքին։ Ապա տեւեալ' թէ ո
քով ստմոր եր պատրել, ծաիակոզեռան մարտն
իայռտւակքն' զաշակոզեռան զքնուցն քուեն
Տարեանեք ։

Ոչ զի՞նչ այս. այսինքն' զի ործես 'ի ակզզ-
քանեն Տերծուածողական մարտխ, ամենապա
տիրն իւաքեւեթի, ենդզոցն կարքխ, Տատ-
ւածեալ 'ի քաց Տերքեւաց զմարդիկ 'ի գրախ-
տեն, այսպես և այժմ քնդ ամրակւու ապա
ւաջեն մեր ստեա 'ի Տանդես մտաներ։
,, Ոքեց է ի՞նծ ասե, մանաւոր ենտրեք
զծեզ իւզոաւել, և 'ի յաղթութեն 'ի զերխս
եւանեւ։ Տամակործան կարտամամ մեք-
նայց. պետոց է ի՞նծ գործի առ ամւր արձանն
ծեր ազզող։ Ապդ՝ սեր ատեք օրենս, և զմե
մեանց մերս այեու քմշկեք. յատեւուէ զայն
փոխանակեմ, և իապա կործանեմ։ Իաղա-
զութեն ատեք պատուիրան, և 'ի մե մարմին զորեցայք։ 'Ի թշնամութեն զզյն զապ
ծուցանեմ, և զանութեննզ 'ի քազուեն Տերք
ծեմ ,, ։

solo, ed un sol corpo, rinvigoriti dal loro
Capo, inefficaci rendevano le arti di Lui.
E se vibrava i suoi dardi, come soleva, contro di alcuni ferendoli o colla fornicazione,
o coll' omicidio, ovvero con altro vizio,
tosto accorrendo i diligenti e periti medici,
li restituivano alla loro salute primiera. Vedendo egli che la sinistra battaglia (68), con
cui soleva ingannare, stava per vergognosa-
mente decidersi, già essendo la sua frode
conosciuta, si volse alle armi della destra (69).

E qual mai fu questa destra battaglia?
Siccome al principio con una scismatica (70)
guerra ingannevole, e con un fraudolento
amo (71) separando gli uomini da Dio, di-
scacciolli dal Paradiso, così anche adesso
armato di quello stesso veniva a giornata coi
nostri fortissimi guerrieri (72). „ E che mi giova, Egli dice, iteratamente ferirvi con frec-
cie particolari (73), e restar poi deluso della
vittoria? Io ho bisogno di una macchina, che
tutti distrugga ad un tempo, e mi fa d'uopo un tale strumento, che sia valevole a pie-
namente atterrare il vostro fortissimo baluar-
do (74). Or bene, riceveste la Carità, con cui
risanate vicendevolmente le vostre piaghe, io
la converto in odio (75), e totalmente vi ester-
mino. Ripigliaste il comandamento di pace,
e vi siete congiunti in un corpo solo (76),
io cambio tutto ciò in inimicizia, e così
rompo in più parti (77) la vostra unità „.

ՅԱս դամենchараքն, թէ զի՞նչ ասեր անդէոչ
մախանoзն. զործի ասէ այլ մարտս, եւ
անhնար՝ ոչ յիմոց ատոի զոր իմանunacayք
հանչել, պատրասեալ. ոչ զնego՝ զոր ա-
պաշխարութ է ընêք, եւ ոչ զատելnւթին զոր
սիրով hռunձէք, ոչ զգարապարhак վարêէն՝
զgir յoժապրնութag մնելnւին կոխեցêք, եւ ոչ
գնախատoի էն կամ զապանանêն՝ զոր յnւսով
խոսասմունgն արhամարheցêք. Մայ զի՞նչ.
uմենegան ձեր ագք 'ի յnւրն եւ 'ի գnւխն ձեր
gր hայ, ինձ չ՞է այլ hնար զձեզ զակական
эn, բայg թէ՝ այլ եւ այլ զատ հas hայ են ու-
տոgէg ասնէ. Յnւ որակս զանդbeg չանն ալ
նախանչnրն ձեր թիբp. մնêնեալ՝ գթ êgnեցên.
այոպէս կապէլի է եւ այնմ զատ ա զրog n-
մնոg 'ի ձեnք այլ եւ այլ gnեցանêл, եւ նnպող
դամչնêնան խռnեgnեganêл. Թêpեն կա
բagg զմիչնnργն խադագnւթ է խաւապեцn-
ganêlov զնunս ձեր, ատնlnւթ է տal պատ-
ճառ ունnանêл. Մ'ինթէ կապagg զկենag
ճան ՝ օպêս նախաhnրն ձեր, եւ ձեգ մnla
ロ그թ է մnag՝ çapt զխատnւթ ունnцanêl.
Մngaպ այս է ինձ hահnական մեnq. Հa
կաասխnւթ է, աա որ ոչ զդ չnւմն տ եnք զրա
Զêն. աnթnապատնanunւթ է եւ ինձ խանap qnդա-
լê, զnր ոչ բայա զխատnւթ է փnխանակê.

Vedi che cosa diceva questo malignissimo con quella sua naturale e inveterata invidia: „ Sto preparando una macchina per questo combattimento non più immaginata (78), che non sia delle mie solite, le quali colla vostra sagace prudenza avete già scoperte. Non il peccato (79), che voi distruggete colla penitenza; non l'odio, che soggiogate colla carità; non violenza d'angheria (80), che voi con volontario corso superàste; non l'oltraggio e la morte, che voi pella speranza delle future promesse disprezzate. E che dunque vi sto io preparando? Gli occhii di tutti voi si volgono alla speranza, ed al vostro Capo Cristo Gesù: Io non posso danneggiarvi, se non v'insegno di guardarlo diversamente. (81). E siccome spiegando al vostro primo Padre (82) perversamente la giusta parola di Dio, io lo feci cadere, così anche adesso mi sarà possibile di far intendere diversamente ad alcuni di voi le parole della Scrittura, e coll'opra di questi (83) io tutto porrò sossopra. Forse riuscirò nell'intento. E ottenebrando le vostre menti, convertirò il mediator della pace (84) in occasione di odio (85). Chi sa che non mi riesca di abbagliare anche a voi l'intelletto insegnando, che il legno della Vita (86) è la scienza del male, come prevalsi in ciò stesso col Padre vostro. Certamente questo è il peccato a me

Ո այս ոչ միայն խորհեցաւ եղբարք, այլեւ
արար. ոչ միայն կամեցաւ՝ այլեւ կատարեաց։
Բժշկեաց զախտաբարան, եւ զառաջին բորբ
խափանեաց. լարեաց զազգն, եւ զճնտիրան
վերաւորեաց։ Ո՛չ ազգաւորս. ի տանէն եղ_
ցարան բուսուցանէր, եւ զվերակացուն խորա
եէն թագաւիցա եւ քայքայիցա առաղրէր. զմա
տակարարան ի տապալէն կցորդ եէր ընգու_
սէր. եւ զՀովիւան Հօտիցն օտառղ գիսէր։
Ո մակեզան Հողոյն պապզեաց Թեսաւի յա
ռաւցանէր, եւ ամռութե եառին զժխատեէն խարա
տէր։ Ո եսատր՝ միաձնեն փառաց, եւ ան
ձառ խապՀեռոյ անսրեենաւթեն զլացղ զինեե
յորղորէր։ Ո եռեեսա՝ գեսսաւր խասաարա
զժշեեե ժարղապետէր, եւ գնեռրնարղութեն
ունայն ցուցանեե լ յորղորէր։

Նւ ապա գինՆշ. ողաոց է այառւՀեսե Ճառ՝
ջանեա պատոմաթե. գե տապալեր այսռւՀե_
տեւ գժսսթե եկեռզեցսյ ի մատունս բագում։
Բակեր տսսՃարն այ՝ գոր շինեաց Ճշմարիտան
սաղումն ի Ճեռն իմասաունն Ճարատարապե_
ասագնե. եռձանեք գործ եռջանիեն առաջեւ լցս։
Բրոււցանեք ժեղ գաւժակ բաթկութեն այ

più caro, perchè la contrarietà non lascia luogo al pentimento, nè la oscurità della superbia vien tolta dal lume della scienza [87]".

Questo non solamente pensò, miei Fratelli, ma anche fece il demonio; non solo volle, ma recò ancora ad effetto. Scagliò le sue armi, e demolì il Tempio di Cristo. Tese il suo arco, e ferì i più valenti. O che sventura! Si fecero pullulare i mali dalla Casa di Dio, e s'impiegarono i Prepositi del Tabernacolo [88] a distruggerlo, e dissiparlo. Furono presi a coadjutori della nefanda opera queglino stessi, che doveano impedirla, e si armarono i Pastori per dissipare la greggia. Macedonio fu suscitato a farsi nemico dei doni dello Spirito Santo, e mosso a negarne la Divinità. Fu consigliato Nestorio a non ammettere la gloria [89] dell'unigenito Figliuolo di Dio, ed a negare l'ineffabil misterio della sua Incarnazione. Un Eutiche cadendo in errore contrario [90] fu impiegato per dimostrare inutile la grand'opra della comun redenzione.

E che non avvenne da ciò? E doloroso il seguito del discorso, che mi resta a fare. Scioglievasi in molte parti l'unità della Chiesa. Si rovinava il Tempio di Dio, che il vero Salomone [91] edificò impiegando peritissimi Architetti. L'opra dei Beati Appostoli veniva distrutta; l'invisibil Na-

աներևոյթէն նապուզազմանդ մինչև խապար.
'ի զերուԹե վարեր զ.բարինա տամարին այ 'ի
խաձնակուԹե և 'ի ՀախատակուԹեն բաթե.
լոն։ Լչ ոչ միայն զ.բարինան, այլև զ.ղպաս
սբրուԹե տամարին յախշտակեալ տարաւ 'ի
տուն իւր՝ յերկիրն սմնաքր:

Մ'է կարձեք վայրապար զատացեալս , այլ
Հայեզարուք յընԹացս մեր Հոգևոր՝ բատ Նս
զս մարմնոյն յարացուցի։ Ձունք Ն զապասն
մեր մանկուԹն բաթե.լոն, և Հարձքն Նա.
'բուզոգձնսորայ անեբեւուԹի: Օ բաժակ սն
բոյն օրով մեզն պաշտեաբ միմեանց , Թերես
ոչ տեսանեք այժմ 'ի ձեռս Նոզա : Օ խնկա.
Նոզն ուկե՝ այսինքն զառոԹան ասեժ փոյԹ,
Թե ոչ առւն Նոքա և ունին : Օ արդարու.
Թւն իբաւանց և դատաստանի՝ որով զարդա.
րեբ տաւմարո այ, տեսեք՝ և տեսեալ եք, զե
որդեբ օտարացն առւն 'ի մեեք և տանին : Ա.մ
Նոքիկ մեր եք երեբիԺ Ե.զաարք՝ սեպՀական,
ամտոքիկ մենչե եաք խոոու Թե գերեաբ ,
մերոյ տամարիս եին գորձեք պաշտաման :
զայս սպաս մերն Հարք եստուն մեզ 'ի պատին
սբրուԹեն : Նոքա ուսան 'ի քեւ զՀեզութե,
և մեզ աւանդեզին · Նոքա առւն 'ի նմանե եզ.
Նոր օրենա սիրոյ բաժակին, և մեզ ընձեբե.
ցին : Ա.զոԹք , և նորայն բանսկան պատուլ՝
մեր եք , զոր այժմ տեսանեք 'ի ձեռս անի.
մատիզն : Ա.զբարուԹին՝ եկեղեզւոյ քրիստո.

bucco ci dava a bere il calice dello sdegno di Dio sino all' ultima feccia. Si portarono le pietre del Tempio di Dio in Babilonia, dov' erano schiavitù, confusione, contrarietà. E non solamente le pietre, ma furono tolti anche gli arredi del Santuario, e trasferiti alla sua Casa nella terra di Senar (92).

Nè crediate già ch'io vi dica sì fatte cose senza ragione; anzi guardate la nostra vicenda spirituale quanto è conforme a quella già indicata corporale, cui ho citata per esempio. E non tengono forse i fanciulli di Babilonia (93), e le concubine dell' invisibil Nabucco le nostre suppellettili? Il Calice dell' Amore, di cui ognun di noi a vicenda servivasi, nol vedete voi forse adesso nelle loro mani? Il turibolo d' oro, cioè la fervorosa orazione, non sel pigliarono eglino forse, e non l' hanno tuttora in lor potere? La giustizia della legge, e del giudizio, di cui il Tempio di Dio era così adorno, non la vedete tolta e posseduta dai figliuoli degli stranieri? Tutte queste cose, miei Fratelli, una volta eran nostre, in nostra proprietà; prima che fossimo condotti in schiavitù per nostra confusione, erano strumenti del lavoro, che manteneva intatto e bello il nostro Tempio. Questi arredi ci furono lasciati dai nostri Padri pell'onore del Santuario. Essi da Cristo impararono la mansuetudine, e a noi la diedero retaggio. Es-

եւեւց եր Հաց. որով նոքա լցեալ են, և մեք
սովամահ մեռանիմք ։

Այսպէս զմի տաճարս իմանալի՝ իմանալին Թշնամի կործանեաց եւ յարացուցի զգա-
լոյն, և զպապա սորա գերեաց. բայց 'ի տա-
պանակէն այ 'ի Հաւատոցն ասեմ, և բայց
յմածային Հրոյն՝ 'ի սրբութէն ասեմ. զորա
Թագոյց իմաստութեանն այ 'ի ջբՀորա խորա
կբոց սրբոց վարդապետութէ, ածեղէնա իմ
գոլով և Հրեշտակական ։ զորա ոչ գտաւ
Թշնամին արժանի՝ պիրծ ծեռօքն շօշափել.
այս միայն Թագեաւ 'ի նոցանէ վերնակամն
իմանօք ։ Այպա Թէ ոչ՝ տաճարն, այսինքն
մրութիւն ազգաց քրիստոնէից, և խաղաղո-
թիւնն որ առ իրեարբ՝ տապալեցաւ 'ի Թշա-
ծաճն արուեստից. և չինեալքս 'ի վերայ միոյ
Հիմանն՝ կործանեցաք, միայն անձանց գոլ
դՀինն քա, և ոչ եղբարցն. ուստի և քակտեցաւ յառ. միմեանս մարտեն՝ անեղեւոյծ թՀ-
ծամոյն ներգործութէ, պարսպք դստեր
սիովնի. խախտեցան, և ոչ դաղարբեյն. միոյ
տաճարծն քարինք 'ի զանազան ազգաց՝ առ
իւրաքանչիւր յող անտաշ դարձան, և զփառա-
տանն կործանեցին ։

si ricevetter da Lui la nuova legge di carità, e a noi di mano in mano la trasmisero. L'orazione, e il frutto di essa erano nostri, ed ora sono in mano degli stolti [94]. La giustizia, di cui essi abbondano [95], era il pane della Chiesa Cristiana, dove noi ora andiamo morendo di fame.

Così l'inimico rovesciò quest'unico tempio spirituale, come fu rovesciato il tempio materiale [96], e portò via il vasellame [97] che gli apparteneva. V'è ancora l'arca di Dio, cioè la Fede, v'è il fuoco divino, cioè la Santità, ma queste la Divina Sapienza nascose ne' profondi pozzi della dottrina delle Sacre Scritture. Poichè essendo siffatte cose divine ed angeliche [98], non fu degno il nemico di toccarle colle immonde sue mani. Queste cose soltanto rimasero intatte per adorabile disposizione del Cielo; ma però il Tempio, cioè l'unità delle Nazioni Cristiane, e la loro vicendevole pace furono tolte dall'artifizio degli inimici. E stabiliti sopra il medesimo fondamento precipitammo all'ingiù, credendo esser Cristo il fondamento di noi soli, e non de' nostri Fratelli ancora [99]. Per la reciproca guerra mossa dall'inimico invisibile rovinarono le mura della Figlia di Sion; si scossero, e più non sussistono le pietre del Tempio unico, che erano le diverse Cattoliche Nazioni: divennero tali, che più l'una all'altra non si unisce; e così tolsero lo splendore alla Casa di Dio.

Մաշեցյան 'ի օրոյ բարկութեն, եւ 'ի սովոյ
սղխատութէ. եւ առ գետս բաբելացւոց սու_
վեալ նստեաք, արդարեւ 'ի լաց եւ 'ի յողբս են_
ցա` որք զնայբենին աշխարհի պայծառութէ
զմնաւ ածեին։ Իսկ ամմոիցն եւ երկրաբաւ_
շիցն, որպես եգիպտոս նախ`նոյնպես եւ այժմ
բաբելոն եղե բնձալի. նոքա որք խստութէ
սրտե, որպես խստորով` ցանգան գիմանալին
իւրեանց մարդ ամուցանել։ Մյլ իմաստունք
լացին, եւ լային, եւ լան միշտ կենդանի բա_
նեբեն իւրեանց. եւ զայս թշւառութիւ աշ_
խարհեն. որպես քարեմք տամն այ ցրուեալեն
որպես աղդ զՀանապարՀաւ` 'ի ցեղ բնարու_
թէ, եւ 'ի վիմեանց դարձեալ յարՀամարՀու_
թիւն. տեսեն զի զանպատու֊թէ կախեցան
այնուՀետեւ` մերն կառակարանք։ Բանգի թէ
պետ եւ ունեաք 'ի գերութեն ընդ մեզ գա_
բենս այ մերոյ իւրաբանչիւրը, սակայն դան_
գաղեաք զ'ինամանե յամձինա մեր արկեալ բզ_
ութեբւմանիան քւսուցանել։ Օ'ի զիանդ կաբե_
լի` ոչ ունելով զտւսաձարն այ, զխաղաղութին
ասեմ, զեզդ տն երգել։ Սակայն ձանբը, զի
այս յետ գեբրութեն եղե, եւ քաքեցլոյ թչշ_
նամոյն զտաձար խաղաղութէ մերոյ։ Մոպա
թէ ոչ`զզւսուցման, որ նախ քան զայս 'ի միաշն
ցութէ անդ, եւ մինդգետ 'ի տաձարին խաղա_
ղութէ եաք` տայր ամենայն աշխարհ, ձեզ
Թողումք իմաստասիրել, քան թէ քամբւ
զանձաւն ձառել. զի մի յոլւվութէ ձառս

Si consumarono colla spada dello sdegno
(100), e colla fame della ignoranza. E famelici si stavamo sedendo lungo le sponde del
Fiume di Babilonia (101). Ahimè lagrimevole
disavventura, e da non mai abbastanza pian-
gersi da coloro, che si ricordavano la felicità della loro patria (102)! Pegli stolti però, ed attaccati alla terra, come un tempo l'Egitto (103), così adesso divenne oggetto di desiderio Babilonia. Bramando, come
quelli con le cipolle, così questi di nu-
trire le loro anime colla durezza del cuore. Ma i saggi vedendo come le pietre della Casa di Dio (104) si sono disperse a guisa d'immondezze in sulla strada, e come son
divise le une dalle altre, e disprezzate, pian-
sero, e compiangono sempre il miserabile
evento colle più vive querele. S'accorsero
che da quel tempo se ne stavano gli strumenti, i quali accompagnano il canto, sospesi agli alberi della infecondità (105). Poichè
sebbene con noi avessimo nella schiavitù
portate le leggi del nostro Dio, pure da noi
non erano coltivate le sementi sparse da
quelle ne' nostri cuori. E come mai era possibile cantar le lodi del Signore non avendo più Tempio, cioè mancando la pace?
Sappiate però che tutto questo successe da
quell'epoca. Prima di allora il mondo dava quel frutto, ch'è proprio della concordia. Questo (106) io lascio piuttosto osservare

Հախոընթացութի 'ի ստորև մնացուք խորհրդ-
դյս զօրութէ ։

Յերիս բաժանեալ աշխարհ, այսինքն՝ ա-
սիա, բաքիա, և լիբիա, յօրժամ 'ի վերայ միայ
վիմի Հաւատոյ խապադութէ եկն պնդեալ,
դիւսրդ ոչ և ամենեցուն յայտնի, թէ անտա-
եելի պադպախայծութէ առաքինութեն առա-
տանային ։ Յեգիպտոս քաղաք սեդեկ, ՞ե կամե
խաղոշակ մարգարէութէն՝ եր ՞այյայմժամ.
և Հումմայեցյոցն ՞որութէ իբրև զզաւազան
երկաթի՝ ՞եգյոյ պնդութէ և ամյրութէ Հա-
նոյգս լլՆէր ։ Ա՛, քայխա, եյյադա, մակեդո-
նիա՝ թեևկոբենեալ առ ասեեալ, առաքե-
լովյն վարժեալք, 'ի պողոսե առոգեալք, և
արմատացեալք, և զնորա սերմանոն ընող
Հիենն ՞այ ասեցուցանէին ։ Ա՛նասանդ տայր և
Հայասաանեայգս աշխարհ, մինչ դեռ 'ի մրո-
թէ եկեղեցյոյ մեհն պնդեալ էր՝ պատուղ ՞այ
առատ և քաղցու։ և յեզկեը մեր իբրև զա-
տեզս երկնից բաղմացան սեղանքն ՞այ՝ լբա
տեսլեան սրբոյն գրիգորի ։ Հատքն լլաա-
կիգն, արատքն դալարի, Հոլիքն արթունք,
և սոլլիցն քաղցբալուլք ։ գե եւ Հիասոի խրա-
տութեանն, և ՞եչեաց Հարաւ սերոյ Հոդ-
լոյն՞քոի ։

alla vostra diligenza, di quello che m'affretti di esporre colle mie parole. Troppo lungo e difficile sarebbe il racconto, e noi allora pella grande prolissità di questo preliminare discorso ci allontanaremo dal nostro scopo (107).

In tre parti essendo il mondo diviso, cioè in Asia, in Europa, ed in Affrica (108), quando erano stabilite pacificamente sulla medesima pietra della Fede (109), e chi non sà che queste tre parti erano fertilissime delle virtù eccellenti. In Egitto la Città di Asedech (110) giusta la Profetica predizione era allora soggetta a Dio; e l'Impero Romano, come una verga di ferro era di fortissimo sostegno, e stabilimento all'universo. L'Acaja (111), l'Elada, e la Macedonia, come pure gran parte dell'Asia, istruite dagli Appostoli, ed ammaestrate e fortificate da Paolo, facevano crescere ancora le loro sementi colla grazia di Dio. In ispezie l'Armenia nostro paese, mentre stava ferma sopra la pietra della Ecclesiastica (112) unione, produceva a Dio una gran copia di frutti. Quindi nella nostra terra gli Altari moltiplicaronsi a foggia delle stelle del Cielo, come fu mostrato in visione a S. Gregorio (113). Candidissima era la greggia, i pascoli verdeggianti, vigili i pastori, e la voce loro faceva sentire sempre grate e soavissime parole. Per il chè ritirossi il fiero aquilone (114), e soffiò dolcemente l'austro della carità secondo lo spirito di Cristo.

Բայց յորժամ մեռաթիւն տրեգեկրաց պա
ռակտեցաւ, պատաճուճմ ռրակես. յորժամ ՚ի
վերայ զանազան մրմի կարձեցաք զՀաատտ
մեր շինել, և բնդ մինեանս սկսաք մարտն
չել, կորձանումմ ռրքան: Յորժամ մարմինն
քմի քակտեցաւ ՚ի մինեանց, վերն անտանե
լե. յորժամ անդամէն մինեանց Թնամիք
զարձան, վերաւորեալքն անչաф. յորժամ
զմեշնորդն խաղաղութե զոր մեր յоքո Թքշ
նամութե առաք նիւթ, պատուզ նորին՝ փոխա
նակ սիրոյն, ատելուին: Յորժամ փոխանակ
յերկնից մեզ թերեալ նոր օրինաց վարգապե
տին՝ զաշխարհակալիս առաք զօրենան, վատ
թարացեալ քբթեցաք յամենային առաքինու
Թեանց: Իսկ Թուի այնքան զօրեալք, մինч
զօրՀնաւթ ոռ զերչացն չերզել, այսինքն՝
զՀաատա և զխոստովանութիս, զոր ՚ի զերկ
ցոյն ibրաքանչիւրքն ամբողջ պաճեցին:

Ապա Թե ոչ ԹշուատուԹե քացզումք փո
խանակեցին զգարզորաէ մեր. և ոչ մինաին բատ
ներբին, այլե ՜ տ ապռաքին կրից այնուՀետե
փոխանգեցաւ աղդ քրիստոնեից: Ամդե զդ
քատ նախայոժար հանог առցաք զՀոզեորն
խաղաղութե, զրկեցաք ամծ և ՚ի մարմնոմ զինին
ունեցինս. Օ ի այս և ատվորութե նորա. յор

Ma quando ruppesi la unità dell'universo, o quale fu mai il funesto avvenimento! Quando credemmo di stabilire la nostra Fede sopra diverse pietre, e cominciammo a farci guerra l'uno coll'altro, quanto grande fu mai la rovina! Quando si divise il Corpo di Cristo in tante parti, che piaga orrenda! Quando le di lui membra si dichiararono vicendevolmente nemiche, quanti furono mai i feriti! Quando il mediatore di nostra pace Cristo Gesù si fece essere da noi motivo d'inimicizia, invece di carità altro frutto non cogliemmo, se non che quello dell'odio. Quando in iscambio della nuova legge portataci dal nostro Maestro del Cielo, ricevemmo quella del principe del Mondo, ridotti a stato peggiore, ci privammo di tutte le virtù. Così grande fu la forza di questa legge, che nemmeno cantar si volevano avanti quelli, che ci condussero in ischiavitù, le lodi del Signore: Cioè confessare la Fede, e quella professione, che ciascheduno dei prigionieri (115) avea pure internamente conservata.

Sì, sì (116) molte furono le miserie, che successero alla nostra felicità; e non soltanto internamente, ma al di fuori ancora furono sconcertate (117) le Nazioni Cristiane. Più ancora; perchè abbiamo voluto odiare la pace dello Spirito, Iddio ci privò anche di quella del corpo: essendo ordinario suo

ժամ հողելով կործանիցէ զբոսեալ , անտես
առնէ և զնարմնոց վերումումումուս. էրէ վասն . զի
թերևս 'ի խմբելոյ մարմնական եռղուծեէցն
զարթուցեալը` ընդ թմբրութի ողչող զզշաց-
ցուք : Օ որ օրինակ է տեսանէ` բազում ան-
գամ ի՜նչի եղեալ . բատ որում և նախագիծ
յարացուցիող պատուՀասեցան : Ո՜չ անխայ-
եալ ա՜յ 'ի տաճարն , և ո՜չ 'ի ժողովուրդն . այլ
մատնեաց զնոսա 'ի թշբեւ ՚ին 'ի ծառայութի.
մինչև զարթուցեալ պատուՀասիը մարմնցն`
անձամբ զանձինս 'ի ծառայութենէ մեղացն
զերծուցին . և փրկեալը այնուՀետև ա՜լ 'ի
մարմնոց վնամցից` զառաջինն ժառանգեցին
Հայրենիս : Ո՜, յայես տեսանի և մերս յայ-
ուսապես ձշմարիտ ընտրոզաց . և ոքը ընդ ամենայն տեղ ապացուցի նոցա ձանապարՀ արարաք , Հարկաւորապես և ընդ այս շաւիդ Հր
լուէցաք : Ոստ և յետ կամօք մեք զերեալ
'ի Հակառակութեն խորխորատ` զերեցաք ա-
նագան ուրեմն և բատ մարմնոյ. զի պայրացա-
վեէն , և ո՜չ կամեցաա բժշկել քաղցրութէ ։
,, Ոստց ասէ մինչև զգլուխս ձէք առողջութ.
վասն այտորիկ երկիր ձեր աւերաk , քաղաք
ձեր Հրձիգք. դաշխարՀն ձեր առաջի ձեր օ-
տարք կերիցեն , որպես զի ականայ առող-
ջասչիք ,,.

stile, che quando secondando le nostre passioni abbiam fatto danno all'anima, Egli per
castigarci ci affligge coi travagli del corpo.
E perchè ciò? Forse perchè destati dal tra-
vaglio degli incomodi di corpo, ci pentiamo
della stupidezza delle nostre anime. Come
vediam spesse volte essere avvenuto ad Israele, che giusta l'esempio sopra descritto fu
castigato. Iddio non perdonò nè al Tempio, nè al Popolo; ma li diede nelle mani
dei Babilonesi; e sentirono la servitù, fin-
chè eccitati dal castigo del corpo, si riscat-
tarono dalla schiavitù dei peccati; e quindi
coll'ajuto d'Iddio si liberarono dai pericoli
del corpo, e riebbero l'eredità della lor patria. Così chiaramente si scorge essere ancora la sorte nostra da tutti quelli, che vogliono accuratamente esaminarla. E perchè
in tutto, e per tutto prendemmo la strada
sulle orme [118] degli Israeliti, di loro anche
abbiamo incontrate le miserabili vicende. Onde dopo che fummo schiavi volontarii a ca-
gion d'esserci divisi, finalmente fummo schiavi anche secondo il corpo [119]. Perchè la piaga divenne profonda, e non volle la guarigione, che le venia offerta con dolcezza. „Dalla pianta, Egli dice, fino alla testa non v'è
sanità; e perciò la vostra terra diverrà desola-
ta, le vostre Città saranno incendiate, e gli
stranieri desoleranno il vostro paese alla vostra presenza: così guarirete per forza „ [120].

Ոչ գի՞նչ եր յանցանքն այսքան տատիկ
պատուՀատիս արժանի։ Ոյժո է անսատա
մաագ իմասանաց. զի ոչ եր մեղք բառ մարմ
նոյ՝ որ եռեքլէ եր տկարութէն, այլ բառ
Հոգւոյ՝ որ տկարանսա առնուլ ապաշասնսա
ժամանակ. զոր սակաւոք թուեւլ ոչ է ան
պատշաճ։

Մյանքէն՝ զի գարձաք մինեանց թշա
մեք, ոչ բառ մարմնոյ՝ այլ բառ Հոգւոյ։ Մ
տեցաք զերեւարս, ոչ վասն առ մինեանս
դրժելոյն, այլ վասն դմմ կարձել սիրելոյ.
յրշեցաք զատիթ խադագութէն զքմ Հակա
ռակութէ մերոյ պատճառ։ Ծանուցաք ասա
կերաք նորա, ոչ զմիմեանս սիրել լոին, այլ ա
տելութէն։ Ազաք Հիմմ իմասաից մեր՝ ոչ
զՀաշտութէն Հոր պատառագ, այլ զնախանձն
որ 'ի կայեսն սերժանեալ։ Դարձաք Հոգե
կիրքս 'ի լինելոյ Հոգեսորս, եւ ապատացեալք
բառ մարմնոյ՝ գատաք Հնչաւորա։ Յազագս որոյ
եւ գործեսս կեսագ լքեալ՝ որ 'ի Հոգւոյս, Հալա
տակեսքս օրինակ մարմնոյ փոխանակ նորա։

Ոչ գիա՞րգ ոչ այսպես.,,Ո ի ամենեքեան՝
սասե պօղոս, եթէ Հրեայք եւ եթէ Հեթա
նոսք, մի Հոգի արբաք, եւ 'ի մի Հոգեսոր եաս
թէ փոխեցաք, եւ 'ի մի ցլուխն զանազան ան
դամք՝ եւ 'ի մի մարմին պատկանեցաք ,,։ Իսկ
մեք այժմագգքս մարմնով բաժանեալք, եւ

E qual era il delitto meritevole di sì grande castigo? Ogni saggio facilmente lo conosce. Perchè non era un peccato corporale, che alla umana fralezza si potesse condonare, ma bensì un peccato di anima (121), che non s'affretta di coglier tempo per far penitenza. Il che in pochi segni spiegare non sarà inconveniente.

Noi divenimmo nemici l'uno dell'altro, non secondo il corpo, ma secondo l'anima. Ci odiammo vicendevolmente, non per inganno, ma credendo di amar Dio. Convertimmo la causa della nostra pace, Cristo, nella più viva occasione di controversia. Ci dichiarammo di Lui Discepoli, non coll'amarci a vicenda, ma coll'odiarci. Mettemmo per fondamento della nostra sapienza, non il sacrifizio (122) della nostra riconciliazione col Padre, ma l'invidia seminata da Caino. Avendo il Santo Divino Spirito, lasciammo d'essere spirituali, e dati in preda alle passioni del corpo, divenimmo come bruti. Perciò rigettata la legge della Vita ispirataci dallo Spirito, volemmo ubbidire alla legge del corpo.

E non è forse così? „ Tutti, dice San Paolo, sia Giudeo, sia Pagano, avemmo lo stesso Spirito, e ci siamo cambiati nella medesima spirituale sostanza, e le diverse membra adattammo al medesimo Capo, e al medesimo corpo „ (123). Noi però adesso

Հոգւով միաւորեալքս՝ Հակառակ մարմնոյ եւ
օրինացն առաքելոյ ընթացաք։ Պատեմք զՀճ
տանուտ մարմնոյ եւ զգութ առ իրեարս, եւ ՚ի
կորդուջեան Հոգւոց Հրաժարեմք։ ՚ի Ճաշ
մարմնոյ եւ յընմտելիս Հաղորդիմք միմեանց, եւ
՚ի քէն սեդանտյն խորշիմք։ ՚ի տունս բարեկա
մաց սիրով ընժժանամք այլասեռքս քրիստո
նեայք, եւ ՚ի տունս այ՝ ժողովարանս այլեւ այլ
ազգաց մի քրիստոնեից, դժուարաւ։ ՚ի Հա
լատա բանից եւ ՚ի պատմութիս խօսից՝ Հաւա
տաքիմք իրեարց, եւ ՚ի Հաւատան որ առ աձ՝
միմեանց անՀաւանք։ Սի քրիստոնեայք ան
ուանիմք, եւ ՚ի մի շաղդաց ներալ Հետեւիմք, եւ
յիրեարց ՃանապարՀակցութեն խելագու
բեալ զապտՀուրիմք։ Ո որոց տեսեալ այ զանե
մտութիս մեր՝ լիք եթող զմեզ ՚ի խնամելոյ
բատ մարմնոյ, որպես եւ երբեմն զգուստրն
սրոցին, մանաւանդ թե ես առաւել։ ,, Ո ի
որում շատ տուաւ, շատ առէ խնդրեսցի ՚ի
նմանէ ,,․ եւ որ մեծամեծաց շնորՀացն յան,
ցեաւ, եւ մեծամեծ գանբք պատեժաւ ․ զի
ոչ երբեք զրկէ ողորմութի զարզարութ՚ին
այ, յորժամ ոչ ունիցի նիւք զգոխուՃ մար
գյ ։

Nazioni congiunte di corpo, ma divise di anima, camminiamo contro l'istituto, e la legge dell'Appostolo. Conserviamo l'uno con l'altro la società del corpo, e l'esteriore benevolenza, ma poi ricusiamo la comunione spirituale (124). Ne' corporali cibi, e bevande comunichiamo a vicenda, ma poi ci asteniamo dalla Mensa di Cristo. Cristiani di diverso genere andiamo di buon grado alle case degli amici, e alle Case di Dio, che sono le Chiese di diverse Nazioni tutte Cristiane, ci portiamo mal volentieri. Nella fede delle parole, e ne' famigliari discorsi siamo l'uno all'altro fedeli, ma nella Fede di Dio non andiamo d'accordo. Tutti ci chiamiamo Cristiani, e per la medesima strada facciam cammino, ma poi usciti fuori di senno, dell'altrui consorzio ci spaventiamo (125). La qual follia scorgendo Iddio abbandonò quella cura, che aveva pel nostro corpo, come una volta quella della figliuola di Sionne (126), ed anche di più. Perchè a colui, cui molto fu dato, sarà del pari, Egli dice, anche molto richiesto (127). E chi fu reo di aver mal usato di maggiori grazie, sarà punito ancora con maggiori castighi. Imperciocchè la misericordia di Dio non impedisce giammai la sua giustizia, quando non trovi un sincero pentimento.

Perchè, adunque, peccammo contro la
legge di Carità, e trasgredimmo il precetto
della pace, e non ci siamo pentiti, fu vin-
ta la Divina misericordia dalla Divina giustizia; e perdemmo la pace del corpo, perchè abbiamo rotta la pace dell'anima. E
che sia così il fatto, gli avvenimenti lo di-
mostrano. E non tornò forse il Paradiso di
Dio [128] al suo primiero stato, divenendo
una fornace di ferro [129]? Non fu forse ella le tante volte debellata, e sconfitta l'in-
vincibil potenza dei Greci? Quello poi che
avvenne alla nostra Armena nazione, voi lo
sapete; e parla abbastanza, e il luogo di
questo Concilio, e quello d'onde fummo
esiliati [130].

E perchè ciò, miei Fratelli? Uditelo con
ischiettezza di cuore. Perchè squarciammo
l'unico corpo di Cristo in varie membra.
Perchè dividemmo l'unica sua Chiesa in
molti corpi. Perchè Cristiani non ci gloriamo del nome di Paolo, o di Ceffa [131],
ma di Uomini barbari, e scelerati [132]. Abbandonato il nome di Cristo, di quello ci
vantiamo con superba baldanza di Haico [133],
di Aramo [134], de' Romani, e de' Greci. Ed
ai rimproveri di Paolo contro di noi a questo proposito scagliati, per nulla prestiamo
l'orecchio. „ O insensati, Egli dice, forse
Haico fu crocifisso per voi, o in nome di
Aramo foste battezzati? E come, dunque,

բեալ զանուՆն քոԷ՝ որ 'ի վերայ ձեր մեռաւ,
նախնեօքն Հեթանոսօքն պարծիք ,,։ Խերկա
ոչ է այսպէս . քանզի յորժամ ՀարցենՆն
պատասխանեմք երերաց զղաւանութԷ ան
ուան յուտույն մերոյ քՆԷ 'ի վերայ մեր՝ ոչ բա
լականնաւ այնու լսօղն շինելլ, այլ կարը
տիրձ զՀեթանոսական անուանն 'ի վերայ
յաւելլուլ։

Օ մեղս առ 'ի մաՀ մեղաք՝ անապաշաւ
ԹՆամութԷ. զի ժխտեցաք պատուիրանֆն՝
որ աւանդէ մեզ, Թողլոյն զԹողութԷ գոա
Նելլ. զի ոչ զմի Հոզի՛ ՚ետ, այլ թւոկանդակ աղգ՝
զաղգ , և եկեղեցի՝ զեկեղեցի, և օրԷնք՝ զո
րԷնս նախատեն։ Յանցանք՝ որում չէք նե
բումՆ ԹողութԷ, ասաց անսուան բերան.
այն զի անդեշջ է 'ի չարեան ։ Օ ի Թողաք
զսԷրն՝ որ է զլուխս պատուիրանֆն և աղբեւբ
բարեաց, և քուռն Հարաք զՀՆամութեեՆն՝
զտակք եղեալ ամԵնայն չարեաց ։ Լ,ւ ատա
զի սէր ոչ նախանձի, ատելութեան օրԷնօք
վարժեալքս նախանձեցաք ։ Սէրն ոչ գգդի,
մեք զղՀանապազ երկնեցաք , և երկնեմք
առ միմեանս գշարութԷ ։ Սէր ոչ նախանձի,
մեք նախանձելով յաշաղեմք գոռս առ մի
մեանս ուղղութԷ ։ Սէր ոչ խնդրէ զիւրն , իսկ
մեք՝ ոչ Թէ միայն խնդրեմք , այլ անիրաւուՀ
զԸնկերունս գիրալունս երերաց , և զմԵրն
կաղուցանեմք՝ վերջացեալք 'ի խաղաղութԷ ։
Ո՛չ ջանամք զյանցանս միմԵանց բժշկելլ, այլ

più non pregiando il nome di Cristo, che morì per voi, sol vi gloriate degli antichi pagani „ (135)? E non è forse così? Giacchè quando interrogati intorno alla confessione della nostra speranza Cristo Gesù, non diamo già quella risposta (136), che basti edificare chi ci dimandò, ma abbiamo bisogno ancora di aggiungere nomi gentili (137).

Peccammo di peccato mortale colla nostra ostinata inimicizia; perchè abbiamo disubbidito al precetto, che ci comanda di perdonare, onde trovar perdono (138). Giacchè non solo vien bestemmiato lo Spirito Santo (139), ma una Nazione condanna un'altra Nazione, una Chiesa un'altra Chiesa, e una Legge un'altra Legge. Delitto, che non si perdona, dice l'infallibile Verità, perchè seco porta l'ostinazione nel male. Abbandonammo la Carità, che è il primo di tutti i comandamenti, e la fonte pura di ogni bene. Abbiamo introdotta la inimicizia sorgente infausta di tutti i mali. La carità non è invidiosa (140), e noi volendoci sottoporre alla legge dell'odio, ci siamo invidiati scambievolmente. La carità non è isdegnosa, e noi abbiamo concepita ira; e la conserviamo ancora usando di maliziose maniere. La carità non è emulatrice, e noi emulando calunniamo l'altrui rettitudine. La carità non cerca quello ch'è suo, e noi non solamente il cerchiamo, ma anche rigettando in-

վերս ՚ի վերայ վերաց կուտել, և իշխանն
ֆիերոցս յաղթող և արդար երևեալ։

Ա՛յս է խոտորնակ ճանապարհ և մոլար,
ընդ որ այսօր հետևիմք. և զգործով ՞ւմա
տեցութիւն՝ պիտակ քանբև ՞ւմսիրութ առդ֊
նեմք. զՃՇմարտութէ մարտնչել՝ս ընդ ք՞ւ
ստայօժ խոսիմք խաղաղութէ առ նա Ճամա
բիմք։ Ա՛յս է մոլորում՜ն շարաչար՝որ ընդ զլղ֊
ջումՅ պատերազմի. և ամբարտաւանութին
կործանող՝ որ հեզութիւն զրկողացս թուի։
Ա՛յս է խաւար տգիտութ՜ է աղչամունզ՝ որ
լյս ՚ի մեՅջ մեծարի. և մեռելութ՜ է անկեն
դան՝ որ զկենդանութ՜ է ինՉրել Հրամարի։
Յայսմանէ եկն մեզ լյս՜ն ք՞ւ և լուսաւո֊
բեաց. և յայսպիսի մաՀուանեա կեանք՜ն և
կենդանացոյց. քանզի կենդանացոյց յառանց
գղՉանալոյ ՚ի մեզ՜ն վարակելոյ. և լուսաւո֊
բեաց ճառագայթիւք ՞ւբ պատուիրան՜ին ո֊
բում մեզաք մեք և Հաբքն մեր, անօրինեցաք
և յանցեաք. և խստովանիմք արդարութ է
և յիրաւի ածեալ զայսոսիկ ՞ս ՚ի վերայ մեբ
վֆա մեղաց մերոց. Օ ի ո՞չ պաՀեցաք, և ո՞չ ա
բաբաք՝ օրպես և պատուիրան ընկալաք. վասն
այսորիկ և մատնեաց զմատնոս զանձինս ա
Ներբողիթ Ներգաց՝ մարմնով տեբանց խաբ֊
ստարաց. ո՞չ ամս եւթանանեբորդ, այլ

giuriosamente la ragione altrui, vogliamo ferma, e inconcussa la nostra; e così ci allontaniamo dalla pace. Non procuriamo di liberarci vicendevolmente dal delitto, ma piuttosto aggiungiamo piaghe a piaghe; e ciascun vuole apparir giusto, e vincitore.

Questa è quella via tortuosa, ed erronea, per cui oggidì camminiamo. Per questo diciamo bensì colle nostre parole di amar Dio, ma infatti lo odiamo. Ci lusinghiamo di aver pace con Cristo, e contro Cristo facciamo la guerra. Quest'errore, e questa superbia sterminatrice, che pur sembra ad alcuno mansuetudine [141], impediscono il nostro pentimento. Questa è quella oscurità di tenebrosa ignoranza, che da noi si guarda come luce. Questa è morte, che ricusa di cercar la vita. Da questa ignoranza venuto Cristo nostro lume, c'illuminò; e da questa morte, dandoci vita, ci vivificò. Egli prevenne, e preparò i nostri cuori al pentimento illuminandoci coi raggi di quella legge, contro cui e noi, e i nostri Padri abbiamo peccato [142]. Si confessi dunque, che giustamente, ed a ragione per le nostre colpe siamo afflitti. Sì: perchè noi non seguimmo questa legge, Egli ci diede in mano a disumani padroni [143]. E ciò non pel corso di settant'anni solamente [144], ma bensì pel lungo tratto di anni settecento [145]; in cui venne travagliata nella confusione, e nella

մնամաւանդ Հարիւրեակս եւթներորդ․ յորս
տառապեցաւ 'ի թագելն խաշնակութեան եւ
թշնամութէ գերեալ եկեղեցի քոն․ Լ՛նդր՝
ուր ծերքն դատաւորք ո՛չ զարդար դատաս-
տանն, այլ զանսորէնութի թղխեին․ քանզի եւ
պայս դտանեմք եղեալ առ մեզ բառ մարգա
րեութէն․,, Լ եւ անսորէնութէ 'ի թագելն
'ի ծերոցն դատաւորաց ,, ։

Լ գի եւ յայտնեցից զգանս՝ քուսն Հա
րեալ զանագատուռ գաագանէ․ ո՛չ տեսանէք
գիւրաքանչիւր ապգի առաշնորդս եւ դատա
ւորս, գլուխս եւ կանոնս Հաստատեալ՝ ո՛չ
խագադութեան, այլ թշնամութէ․ եւ օրէնք
գի՛նչ․ բարեացն որ առ միմեանս՝ նեբՀակս,
եւ մոյ Հատարակաց ձշմարիտ Հաւատոյ ընդ-
գիմաբանս ։ Ց ան՛ ո՛չ այլինչ 'ի բանն, քան
դմի եկեղեցի քոն 'ի միմեանց պառակտել․ եւ
որ արդեամբք Հերձուածող լինի, ապտակ
գանունն նախատանօք 'ի վերայ եղզօրն առ-
նու ։

Ո՛վ ծեր եւ դատաւոր, եթէ չար է Հեր-
ձել զջմի անդամնն, եւ վասն այտրիկ եղ-
բայրն 'ի քէն նախատի, դու ընդէ՞ր գուն գոր
ծեալ՝ տա 'ի նոյնդ ջանաս տաւեցդ գրուռ․
թերեւս ո՛չ ուսար, թէ ,,մի յաղթիր 'ի չարէն,
այլ յաղթեմ բարեան չարին ,, ։ Թերեւս ո՛չ
լուսար՝ ,, մի լինե լատնակալու յոչինչ պետա եւ

inimicizia di Babilonia la prigioniera Chiesa
di Cristo. Quivi (146) i vecchii Giudici non
giudicavano giustamente, ma erano i loro
giudizii d'iniquità. E ciò ci avvenne giusta
la Profezia, che dice: „ Uscì l'iniquità dai
vecchii Giudici „ (147).

Ma perchè io voglio stender pur anco il mio discorso, pigliando in mano la
verga della sincerità (148). Non vedete voi
forse i Capi (149) e i Giudici (150) di ciascheduna nazione stabilirsi degli Articoli (151), e
dei Canoni (152), non già di pace, ma d'ini-
mistà. E quali sono le Leggi (153)? Contrarie
affatto ai beni d'ambedue le parti, e con-
tradicenti alla comune, e vera Fede. Nessun altro è lo scopo naturale dei loro discorsi, se non di squarciare la Chiesa di
Cristo, dividendo le Chiese particolari una
dall'altra. E quello che diviene Scismatico
di fatto, attribuisce questo nome ingiuriosa-
mente al suo fratello, che si mantiene Cattolico.

O Vecchio (154), o Giudice, s'egli è male stracciar le membra di Cristo, e per
questo appunto riprendi il tuo fratello; e
perchè, dunque, tu pure vuoi fare lo stesso con quelle scritture, che vai pubblican-
do con tanto impegno (155)? Forse non apprendesti ciò, che scrisse S. Paolo: „ Non

'ի կործանումն լառացն ,, ․ Օ սրտունք, զոր
ծուցեալ 'ի տառատայ՝ ընդդեմ եզրօքն կա
գիս․ եւ զայս ոչ թանիր լոկով, այլ արձանա
գրութէ․ եւ Հիմն ունիս քեզ ոչ զսէրն որ 'ի
քօէ , այլ զմախանմն որ 'ի թանապկալէն ։

Ոչ երեւցիս՝ զուցէ եւ քեզ տացէ Հայ ՞նրն ,
որ փակես գխականս խաղացուէ․ գու ոչ մնա
ես , եւ զորս մնանեն՝ ընդդեմ կացեալ աղ
գելուս ։ Դաքս , եւ 'ի քեզ զգուլուէ թանա
տաՀանես․ եւ թերեւս ատատանատ յազգ քո
եւ 'ի քեզ․ եւ զայլ ամենայն տրիզերս քունա
դատես թատմնել 'ի քօէ , եւ ծամր թութ քեզ
լուր նոցա թարեպալառութէն ։ 'Ի նախատէն
ստբրս , եւ զաւրեզ լուրն ոչ կարես տանել ։
Այդպէն ուսար 'ի մնէն քումէ․ այդպէն
վարդապետեաց որ ատան ․ ,, Եթէ սիրէք զսե
րեիս ձեր , ո՞ր էխորՀ է ձեր․ զի եւ մաքսաւորք
զնունն գործեն ։ ,, Այլ դու մնասւանդ եւ զսե
րեին ատես , թէ ընդգէն յայլմէ ազգե եւ ոչ
յիսմէ ես․ այդ մեղադրեալ՝ որ թատմնեալ
գեզգուս ։ Ոմ Թշուատութէն․ ո՞ր թան կարե
զալ կեղզ զարե ընդարձակալէ պարտնա
կել ։ Նախատեիք եզաք քեզ քրիստոնեայեզ,
եւ աածօ նէ ատանի Հոր եւ Հրեշտակաց սբ
րոզ․ զի թէ ամ փատատորեալ է 'ի խոր

voler lasciarti vincere dal male, ma il male
vinci col bene „ (156)? Forse non hai udito :
„ Non voler litigare con parole inutili, ed
a rovina degli ascoltanti „ (157)? Invece di
mostrare il tuo sdegno al demonio, tu ti
poni in dissensione col tuo fratello; nè già
con parole solamente, ma con pubblici mo-
numenti ancora. Ed è tuo fondamento non
già la carità, che vien da Cristo, ma l'invidia, che vien dal demonio.

E non temi, che a te pure, il quale chiudi
la porta della pace, sia detto dal Signore il
gran *guai* (158)? Tu non entri, e a quei che
entrano, vuoi chiudere con tutta la resistenza
l'ingresso. Tu ti glorii, e ti attribuisci lode.
Forse sarai stimato nella tua nazione, e nella tua famiglia: ma intanto costringi le altre nazioni a separarsi da Cristo, e ti di-
spiace la fama della loro pietà. Tu le rimproveri, e non sopporti di buon grado la
loro buona estimazione. E questo, dunque,
ciocchè imparasti dal tuo Signore? Egli ci
disse: „ Se amate i vostri amici, che merito è
questo? i Pubblicani non fanno forse lo stesso (159)? E tu non fai neppur questo, perchè
al tuo stesso amico porti odio, dicendogli:
perchè sei d'altra nazione, e non della mia?
Con ciò invece di riprendere quello, con cui
parli, rimproveri Dio, che volle dividere le
nazioni (160). Misero me! chi mai può comprendere l'ampiezza di quest'ulcera pessima?

Հուրդս սրբոց եբրոց, որպէս և է, ապա և
նախատեալ է 'ի չարունէին մնաց մերոց, և
հայհոյեալ է անուն նորա 'ի մէջ այսցն չա
բաց ։

Ոչ արդ գի՞նչ . իպանա՞ն ճմացաք 'ի նոյն,
և մինչև գյախտեան անտեն եղեաք 'ի մէն,
և գեռ եւս ոմա պահէ մեզ քարձրեալն ։ Ո՞չ
երեք . եւ 'ի գլուի ամացն թիւ` գոր իսուեց
գաւ ած 'ի ձեռն երեմիայ մարգարէի, ձա
րայուն մերոց ժամանակ և սահման ։ Յայս
եղյաւ սեէն քո 'ի վախճան յախիտեանցս՝ յա
նարգունէ առաջին մեղացն աունէութեան ։
Յուեն՝ գի ոչ կարաց ձեռն մարդոյ կատարել
գործութէ, արար աշ ՞ն գիրիկունէ անբաւ
գործունէն ։ Աեստաբանէն այսունեւուն մար
գարէեն գղարձ ֆիրկունէս . ,,քանգի ոչ ան
ձանց, այլ մեզ ճատակարարք լինէին`,, ասէ
երջանիկն առաքելոց պետոս ։

Իստեաց գաքարիաս . ուևմ գարձելոցս մճա
տեալ սրատիք` յոյս . ասէ ։ ,,Այպէս ասէ ՞ր
ամենակալ . եթէ տկարանայցէ ինչ առաջի
ճացորդաց ժողովրդեանդ այդորիկ յաւուրս
յայսմիկ, միթէ և աշ իմ տկարանայցէ` ա.

Noi Cristiani fummo d'obbrobrio a Cristo, e di vergogna al medesimo innanzi al Padre, ed al Coro degli Angeli! Poichè se Dio è glorificato ne' consigli de' Santi suoi [161], come lo è infatti, è dunque oltraggiato del pari nella malizia de' nostri animi, e bestemmiato il Santo suo nome nel coro degli Spiriti maligni [162].

Che sarà dunque? Forse rimarremo sempre nel medesimo stato? Saremmo forse in eterno abbandonati da Dio? Forse ci porta odio ancora l'Altissimo? Nò: già si compì il numero degli anni, di cui parlò Dio per bocca di Geremia Profeta [163], voglio dire il tempo stabilito per la nostra servitù. Si manifestò la Carità, ch'è Cristo, in fine dei Secoli a dispetto di quel primiero peccato di odio [164]. Si vide che la mano degli Uomini non ha potuto edificare alcuna virtù, mentre la destra del Signore operò la redenzione colla sua infinita potenza [165]. Quindi ci annunciano i Profeti il ritorno dalla nostra schiavitù [166]. „ Imperciocchè non per loro stessi, ma per noi furono banditori della Divina parola„ dice il Beatissimo tra gli Appostoli Pietro [167].

Parla tu, o Zaccaria, e a noi ritornati dal nostro esilio [168], e spogli di coraggio infondi qualche speranza. Egl'infatti ci parla: „ Così dice il Signore Onnipotente: Se qualche cosa riuscirà in questo giorno dif-

ոչ ծառ անճանական։ Այսպէս աստ տէր անճանա
կալ. աշխատեցիկ ես փրկեմ զծողովուրդ իմ
յերկրէ աբեթլից, և յերկրէ արեմոից. ա
ծից զնոսա և ընակեցուցից ՚ի մէջ երուսաղէ
մի. և եղիցին ինձ ժողովուրդ, և ես եղէց
նոցա աստ ճշմարտութի և արդարութի։ Այս
արդ՝ զօրացէք զուր զօրաբարձուլ աստ տէր. և
զօրացէք ՚ի ձեռն յայնմ զեկեայ բաճանայ մեծ.
և զօրասցի ամենայն ժողովուրդ երկիրդ՝ աստ
տէր, և գործեցէք. զի ես ընդ ձեզ եմ, աստ
տէր անճանական։ Այս բանն զոր ուխտեցի ընդ
ձեզ՝ յելանէն յերկրէն եգիպտացւոց, և Հ.
գին իմ որ կայր ՚ի մէջի ձերում՝ բաճայրեք
զարուք. զի այսպէս աստ տէր ամենակալ.
դարձեալ միւսանգամ շարժեցից զերկինս և
զերկիր, զծով և զցամաք. և միանգամայն
շարժեցից զամենայն ազգս. և եկեսցեն ՚ի
միասին ՚ի փառս անսահման իմոյ, աստ տէր ամենա
նակալ ;, ։

Յոյժ եղբարք զնախախնամ միտակարա
բութիւն մարգարէիս. առ ձեզ է ասացեալ՝
ցեղզպակաք նորա իսրայէլի։ Րեղ տայ զզա
քաղերութիս, ոմ յոլ փախան ՚ի մէջ մեր՝ եղ
բա պատուոց բարգմալ. և նորոյ զօրաբարէ
ցի՝ որ յարեմոից յարեեւղ ձկեայ զճնզարձ
կութի ձեռինն՝ առ ՚ի շնունած տանճարին. և
զուք Հաճունպատու եղբարք՝ Հաւատացէք մար
գարէիս. թէ ՚ի ոչ յանձանց այլ յայլ աստանօր

ficile al restante del Popolo, non sarà forse sufficiente la mia destra? Ecco ripiglia il Signore, che io libero il mio Popolo dalla terra d'Oriente, e d'Occidente. Lo condurrò, e lo farò abitare in Gerusalemme. Egli sarà il mio Popolo, ed Io in verità, e in giustizia il suo Dio (169). Confortati dunque Zorobabele, dice il Signore, e prendi coraggio o Giosuè figlio di Giosadech gran Sacerdote, e tutto il popolo della terra quanto prima prenderà vigore. Date di piglio al lavoro, perchè io sono con voi, dice l'Onnipotente. E la promessa ch'io vi feci al vostro uscire dalla terra d'Egitto, e lo Spirito mio che dimorava tra voi, non vi mancheranno giammai. Onde confortatevi, dice il Signore, imperciocchè io commoverò di bel nuovo il Cielo, e la terra, il mare, ed il continente. Commoverò ad un tratto tutte le nazioni, che verranno insieme per glorificare il Santo mio nome ,, (170).

Udiste, Fratelli miei, la predizione favorevole del Profeta? A voi, o Capi delle Famiglie (171) del nuovo Israele ciò vien detto. Vien dato a te, o Vicario di Gesù (172), questo conforto; a te, che assiso fra noi rappresenti la di Lui dignità. Ed è dato al nuovo Zorobabele (173), che dall'Occidente fino all'Oriente stese l'ampiezza della sua mano in favore della fabbrica di questo Tempio. E voi Fratelli, di somigliante onore par-

գումարեալ աձայք ։ Ապա՝ մի ոք վարկցի զայս սքենդողոս մեծ՝ մարդկային խորհրդոյ․ մի զանձայինս խորհրդառութիւն՝ մարմնաւոր յաշողուած , այլ բարձրացեալ աշոյ կարդղին․ առ որ քաջութի խրախոյսեն արժան է ամենեցուն, որպէս և Հրամայեաց մարգառէս։ Քանզի անՀարրէն 'ի մէնջ կարծեցեալք՝ նմա դիւրաՀնարք։ և կամեն գործ կատարեալ, և իմասաան գլխաւորեալ․ ուստի և գտւորականն նորա այս խորհուրդ տեսաներեմք։ Նա որ 'ի վերջանալ մարգկային Հասարեց՝ ապա զատառութե չնորշան զեղու․ Ցկա րաբց մինչև ցայսօր իմաստ մարդկեղեն եղ-Հասայտատեան վադոց խաոզութե նուաձել 'ի խաղագութե․ իմաստութեն այ ջո շոթութե կատարեաց․ մի ոք ընդդեմ դարձի, զի մի աձառմարատ գտանիցի․ Դարձոյց ոք զզերու-թե սրոմի 'ի խռովութեն ձառայութենե 'ի Հայրեսին իւր 'ի խաղաղութե․ մի ոք 'ի բա քոան Հեշտութեն փոխանակ մխիթարութե 'ի սուզ փոխիեցցի․ Ոչ Հաս ժամանակ՝ զի լցցեն քերանք մեր խնդութ, և լեզուք մեր ցնծու-թե․ մի ոք ձառայելով մխանաց՝ յետնեալ գոցի յոբրախոտե ։ Մարգարեացան զայս Հարէն մեր երանելիք․ մի ոք բարբառոյ նոցա ապատումն պատասխանեցցէ։ Մի այպանեալ զի մարգարեութե 'ի վախանգելոցն անՀասա տութե․ մի ընդ իսող արկցի առ Հռատ Հոգ-լոյն այ ագգումն․ մի անսալա վարդապետու

tecipi (174), credete a questo Profeta, essendo certi, che qui siete condotti e radunati non da voi stessi, ma bensì da Dio; quindi nessuno diasi a credere, che questo gran Concilio sia un'opera dell'ingegno umano, e un progetto di umana destrezza. Nò, nò: l'opera è tutta dell'Onnipotente; a cui con tutta la confidenza conviene affidarci, come comanda il Profeta. Giacchè quelle cose che noi crediamo impossibili, riescono a Lui facilissime (175); anzi basta il suo volere, perchè sia fatto, perchè la sua sentenza sia già compita. E però vediamo esser questo il solito suo consiglio d'infondere allora in maggior copia la grazia, quando sono più deboli le industrie umane. Fino al dì d'oggi l'ingegno umano non ha potuto condurre alla pace quel dominante di tanto tempo torbido spirito di partito. Cristo Divina Sapienza col suo potere questo ha fatto (176). Nessuno, adunque, facciagli resistenza, onde non si ponga a far guerra con Dio. Il Signore trasse dalla servitù Sionne, ed ella passò dalla cattività al suo primiero stato tranquillo (177). Nessuno, dunque, torni al pianto, nessuno cambii questa consolazione ch'è pura, in un piacere di confusione e di carne. Giunse quel tempo, in cui dobbiamo intuonar inni di giubilo, e di gaudio. Nessuno, dunque, fattosi schiavo della invidia si privi di questa allegrezza. Giò pre-

թՄ այլ ևս կեզե ատրամիրոզ, ժողովրդեան պատտա
աչակեշեկ ։ Մի այլ՝ լցյան լիոզ զտրարելոտ չե
չե ետազուցեալ ։ Մի կարձեռացե առ կար՝ արձեր
զլու Թեզ հատարւիչ խարՏերոյս ։ Այ եւ և ա
Ճարձան քրիստանեայլա քան զՃարու ձեղ յշ եւ
Թանստա , որբ զգեւղուՄե Նորթեմ արտեռ և ետո
այնաատ ատատուՄ Ժ ընկաւան ։ Այ ետքեն
օտարացե եւ զայս Ճորգ սերոյ և խառագրու
Թե , յեորոցս ոչ արգեւու՝ յորձատ զգանոտ
ատք առ ի զՆուՆ ինոբե ։ Մ յանաե եչ ետա
կեալ զուղուՆ , ետեոտ ոչ բարեխեաա ։ յորձատ
ատռատ ի բատգեկել ՝ և ատատեԵ է Ճատարձա
կեկ ։

. . . .

. . . .

. . . .

Մ շարձեատ զայո խարՏուրգ ատ եւգատե ։
ձբ ձարգկեեղեն իՆատու Թե եղե ատատարի ա
ռաչատգբեա աՆծայեո գորձոյ ։ Մ զատ ունեք
ատետ լ , բայզ Թե զատՆ և զեոց ձեբ յո քո՝ զատ
բեւբե խառատղուՄեան . որ եստ ձեզ զեորո , և
ատետ ծատկեզուցատե յեկեռղեզոյ իեբոյ ատ
գատատան ։ Մ ռզատբե Ճատատատցոոզ , զե որ ե
Ճատե ետոՆաՆ և զձշկեԵ է կատոզ ։ որ կոզ
ձեատգե՝ ետֆո այռուՀետտ և զեւլ ՆՆ կատեզատ
ատատեղ ։ և որ կորձատտեատգե՝ կատե զե կրատե
Նեատգեւ ։ և կատագե Ն ժատեո . ձեզ ատՆՀատատե լ
. և խոռ խարՏերատֆՆ ընատֆատմատեռ . այլ ժետֆո

dissero i nostri beatissimi Padri, dunque nessuno empiamente si opponga alle loro parole. La Profezia non sia derisa da nessuno. Nessun per infedeltà languisca, o si burli della ispirazione dello Spirito Divino. La sincera dottrina (178) non verrà più mascherata per umana accettazion di persone. Il lume non si asconderà più sotto il moggio (179), nè si crederà debole il Dio della potenza animatore di questo Consiglio (180). Noi Cristiani non siamo più indegni de'nostri Padri infedeli, i quali ricevettero in tanta copia la effusione dei doni celesti: Chi diede una volta agli stranieri (181) questa grazia di carità e di pace, non la ricusa a'suoi, or che sono solleciti a dimandarla. Fintanto che non si batteva, era chiusa la porta; ma ora che a battere incominciammo, è da sperare anche l'entrata.

Chi mosse questo consiglio, o miei Fratelli? Qual umana sapienza fu mai fautrice di questo Divino proposito? Voi non potete nominare alcuno, se non che il nostro Dio e Signore Gesù Cristo; quella fonte cioè di pace, che ce la diede, e la fa sempre fiorire nel Campo della sua Chiesa. Crediam pur fermamente, che quegli, il quale ci percosse, può ancora sanarci (182). E che quello, il quale ci tentò, vuol pure da quindi innanzi far l'esito della prova (183). Chi ci atterrò, vuole innalzarci. E in quale

պայժմես տեսանեմք առաջարկութի . Իսկ
թէ յօրքան բարիս Հանդերձեալ է ալար
տել, անսորէնն և ուղղին դլաւն գիտէ : Բայ
սացու՛ք , թէ որպէս 'ի խառովէն` դլաւակ
բարկութեն լցեալ ժիրով 'ի ձեռաց նորա ալ
բեալ դերեցաք, այսպէս և 'ի խնդրեէն դինա
պատութ՝ դբաղցրութ օղորմութէ ուղխամ
ձաշակէմք .

,, Բայց լուր դու` յետա քաշանալ մեծ,
լուր դու և ամենայն մերձաւորք դո, որ եստնդ
պաղդիկ ամենեքեան առաջի դո : Ա յայես
աս մր ամենակալ. յաւուր յայնմիկ կոցես
Չիկ իւրաքանչիւր դլնկեր իւր ընդ որթով իւ
լով և էէ թդենեալ : Լ ուր, դի ձեռք դո` ա
սաց մր, Հինն արկցեն տանս այամիկ, և ձեռք
դո կատարեցեն դսա : Ո՞չ է այն այլ կիւ
սաՀմայ և թեկրաՀաատ, որ անդոմնէ առա
Չի դո դաւուբս փորքիւսա, և դժամանակս
յետունս. և խանդայ ընդ երկուութ ժողովը
դեանս են : Ա Հաւատիկ դաբթուցեալ է մր
յամնդոց սբբոց իւբոց 'ի սբակել 'ի վերայ դո
դդոն ճառՀաց, դդեսյուցանել թեղ դայձնա
ւոր, և դնել 'ի դլուխս դո խոյբ 'ոբ, դնել ընդ
թեղ մկայութի : Ո՛ եթէ 'ի ճանապարՀս
իմ դնասցես, և 'ի խաղաղութ առաչնոր
դեսցես ժողովլդեան իմո, դու դատեսցես
դնոսա մինչև խապատ ,, :

guisa? Noi non possiamo comprendere l'ampiezza de'suoi profondissimi arcani, ma sol
vediamo la sua presente condotta (184). Quanto bene questa ci abbia a portare, il dispen-
satore, ed il rettore di ogni dono piena-
mente conosce, e ne sa la misura. Speriamo pure, che siccome nella nostra disgra-
zia, mentre bevemmo il calice della sua col-
lera (185) ripieno di feccia porto dalla sua
mano, fummo condotti in ischiavitù, così
pure cercando la pace, beveremo al tor-
rente della sua dolcissima misericordia (186).

„ Però ascolta, o Giosuè gran Sacerdote
(187), ascolta tu, e tutti i tuoi congiunti (188)
ascoltino, mentre ora ti fanno nobil corona.
Così dice l'Onnipotente Signore: In quel dì
ognuno chiamerà il suo prossimo sotto della
Vite, e della Ficaja (189). Ascolta: Le tue mani gitteranno il fondamento di questa Casa,
ed esse la compiranno (190). Chi è quel pre-
stigiatore di poca fede (191), che alla tua presenza non computa i pochi giorni, e gli ultimi tempi; e che invidia la libertà del popolo del Signore (192)? Ecco ch'Egli sorge dalle
sue santissime nubi per ispargere sopra di te
la ruggiada della sua grazia, e vestirti di una
lunga veste, e por sul tuo capo la mitra, e
far con teco questo patto: Se tu cammine-
rai per le mie vie guidando il mio popolo
alla pace, tu sempre di questo popolo sarai il giudice „ (193).

Ւ ւառնէք և դուք նախաւետիւք ապրանս մե֊
րոց ՚ի ծագաց երկրէ՝ որ հատէք ընդ դմա ՚ի
սիրոյն զաղագ վրկութէ մերոյ։ Ա՛հա հա֊
 սեալ են դուք մերք առ դրունս երկնաւորն և
բուսադեմք. և հանգերձեալ եմք ջնել զի
մանալի տամձարն այ՝ որ հիմնեցաւ ՚ի վերայ
պետրոսի, և քակտեցաւ ՚ի բազում մատտունս
՚ի նարուգագորոտապայ։ Ասացէք՝ թէ ախտ
ժէք, նախա գործեա այ ՚ի ձեռս մեք՝ և ընդ
թերցցուք. վայրեանք և առ ՚ի նմանէ խրա
առով զիմ ձալին գործոյս բուոն հարկանէլ.
քանցի յէէմ եմք, և ոչ թէ յեքիլն բաթե
լացլող. ուք անմարթ էր գործուոթխ ւ ջանցք
առաջի արկանէլ. ՚ի սիրտ եմք. ձացակեո
ցուք յաղթերացն իՀլ. գերծաք ՚ի ժաիա
ենացն գերութէ, այբեցաք ՚ի ծառայեցուլին
ութակալուոխ, գիծուցաք զՀապարտութիւն.
այկուհեոն ոչ յոսարաց, այ ՚ի սիրոյն քոց
ժէք գերեալ լինիմք։ Աշբեցաք զիմ բարձ
րութէ մոլորութէ մտաց ՚ի վերայ գիտուոթ
օրինացն եր, և քաղցեալ տեսանեմք զմեզ
կենացն մանանայի։ Ասու՛ք գործեա նորա,
ընդերցցուք, և նախա հանփերձ ՚ի չինունած
Հասատող տանս բունս Հարցուք.

Տու՛ք իսծ Հրամանն գերեցիկ յաջողձու֊
թեամբա, և օրինացս այ ժրեժիկորութֆ
լինէլ եղբ ՚ի միջի ծերում. ունեն դիք քայդ֊

E voi Principi [194] della nostra Nazione, che dalle estremità della terra [195] veniste a Sionne città della nostra salvezza, ascoltate. Ecco che giunsero i nostri piedi alle porte della celeste Gerusalemme [196], e dobbiamo innalzar l'edifizio del Tempio spirituale di Dio, che fu fondato sopra di Pietro [197], e che in più luoghi fu danneggiato da Nabucodonossore. Pigliamo, se vi è a grado, in primo luogo la Santa Legge Divina [198]; e leggiamola. Convien metter mano a quest'opera celeste, seguendo i di Lei avvertimenti. Imperciocchè già siamo in Gerusalemme [199], e non più in Babilonia [200], ove non conveniva gittar ai cani le sante cose [201]. Siamo in Sionne, beviamo dunque alle fonti d'Israele [202]. Ci liberammo dalla schiavitù, in cui ci teneva stretti l'invidia. Ci salvammo dall'odio prepotente e inveterato, e abbiam depressa la superbia. Siamo d'ora innanzi cattivi, non già degli stranieri, ma bensì della carità di Gesù Cristo. Già fu umiliata l'altezza superba del nostro intelletto contro la scienza della sua legge [203]. Ora che siam famelici, troveremo colà Manna vitale [204]. Ripigliamo, adunque, la lettura della sua legge, indi intraprendiamo la fabbrica di questa Casa della Fede.

Permettetemi, ch'io con lodevole ardire zelando l'autorità di questa legge, faccia le veci di Esdra [205] infra di voi; io ne pronun-

բութի՞ւ, և լուարո՞ւք գրընթեջցուած օրինացս։
«Յերկիրն առէ, յոր մտանես ՚ի մէջ այլազ
գեացն օտաբաց, այսինքն դիւացն ֆորձանաց՝
դաւատր խորհրդոյ քոյ մի տացես դատեր նո
րա . յմյտ է թէ դրամն և զարութին` չար
խոհեմութեն և թիւր բարկութեն. և բդ
դուատր նորա մի առնուցուս ուստեր քում.
այսինքն` զանիրաւ ցանկութե՞ն, ընաւորական
նիս բարւոյ առապինութե »։

Օայս եւ եղաաբը, որպէս եբբե՞ն եզր`
տեւանե՞մ գբեալ յորե՞նս այ մերոյ. ուստի և
փղճկիմ արտասուոր` քունն Հարեալ զոճիս
սրտի պատառեմ, որպէս և նա գզեատուցն.
Մ՞ոք գտանի ՚ի մէջ մեր` ոչ այս օրինացս
դրժող. քանզի արգարե ամենեքեան արա
րաք խադաղութե՞ ընդ գերիըն մեր. կոխեցաք
զորէ՞նս այ մերոյ, և ամունանացուցաք զդրա
նութե՞ն մեր ընդ դեն բարկութե՞ն, և գեանատ
մեր ընդ երկրայեն յիմարութի՞ս։ Ուատե և
ծեաաք ՚ի նոցանե այս ընդ երկար ժամանակ
գխախկացուութե՞ առ եղաաբս, դյաչագան բա
թեաց նոցա, զատելուութի՞ առ նոսին, զան
ուանե՞ մերոյ Հակառակուութե՞ ՚ի մէջ մեր
զնայՀոյութե՞։

Ա՛բդ` գի՞Նչ. մաացե՞ն կենդանի, կամ չ՞ե
գե՞ն այլոց Համանմանից Հարք և սերմանիչ։
Ո՞չ եղաաբը. առՔ զզարըը խորՀդակցո
թի՞ս. զնեբի՞ն քաղդեացող զգաբի Հարցուք,

cio i precetti, e voi attentamente ascoltate.
„ Nella terra straniera, in cui tu entrarai,
cioè fra le tentazioni diaboliche, non darai
il figlio de' tuoi pensieri alla figlia di quelle genti, cioè la ragione è la fortezza d' a-
nimo alla maliziosa prudenza, e all' ira in-
giusta. E non prenderai per tuo figlio la
figlia loro, cioè l'ingiusto desiderio invece
della buona ed innata virtù „ (206).

Così, miei Fratelli, come Esdra una volta (207), io veggo scritto nella legge del nostro Iddio, per questo io spargo un profflu-
vio di lagrime; e come quegli lacerò le sue
vesti, così io mi sento pella gran doglia la-
cerare il cuore. Chi mai si trova in fra di
noi, che non sia prevaricatore di questa legge? Avendo tutti stabilita una pace coi nostri condottieri nella schiavitù, dopo l'abbiamo calpestata. La nostra rabbia unimmo
al furore del diavolo, e il nostro senno abbiamo congiunto colla mondana follia. E
così per tanto tempo abbiamo odiati i nostri Fratelli, invidiata la loro prosperità, avu-
ta avversione alla loro società; onde ne nacque, che la nostra reciproca contrarietà fece bestemmiare il nome Santo di Dio (208).

Che dunque? Lasciarem noi vive ancora
queste sorgenti di discordia e di odio? Nò,
miei Fratelli; accettate invece il mio consiglio. Il seme Caldaïco strittoliamo sotto la

և զգործոյն թախանձանաց վիճաբ ձշրեացուբ
Սատանայէն, ապանցին. որպէս զի մի սերման
ծառութք ապականեսցէ զներս բարեռնոհմ
թէ. Մէ և մի ոչ պահեսցէ կենդանի զնա
խանս 'ի նախնեացն 'ի մէջ սերմանեալ։ Մէ
ոչ աւղեալ զզիրս նոցա Թշնամուէ՝ ձշշ
մարութէ վարկցի ձատագով. որ ոչ է ձշշ
մարութէ, այլ ձակաձառութէ. և պանծ
նայն ոչ որ ձակառակամարտն է, զյաղթողն
վնէ՝ որբան կարէ, ատորժէ. Մ բկցէրբ զնա
ապ 'ի քունէ ջաբ, և ձավա փորձեացուբ զննա
քունէն. Ո տա բարնի անծ, ապտուղ բարի առ
ենէ, և ծառն 'ի ապադդին ձանաջ ,, և մարզ բա
քի զգասրէն բացէ, և ոչ դշարէ. զգենէն, և սկ
դատելութէն. զկաղաղութէն, և ոչ զբծնա
մնութէ. զյաղթէն սիրէ՝ որով և ևունանէ, և
ոչ զյաղթէն որով զմարան գրգռէ. Բանն
զի որպէս սերոյն բնութէ է պարտին, և ոչ
ինդրէլ զիւրն՝ զի մի 'ի ձակառակութեեն
բարեռնոհմութէն ապաադեսցի, ընդզէմ ս
բա զնէն Թշնամութեն միշտ 'ի մէ զ զննկէրն
առլութ ձէ ևերդորձէ։ Մա թէ գիտէ զնա
ձինն ստութէ, զթութ ձավարութէն յանգու
ցանէ խոստէ։ Ո ազում անգամ և տակ
դանայ ադ ձշմարութէն ընտրութէ 'ի նա
խանձաէն խոսաբէ կորացեալ։

Թյաոմնէնէ յատաջ քերդէն ոմանք ասաց, և

pietra, ed uccidiamo incontro i sassi i fanciulli Babilonesi. [209]. Sieno sterminati, onde lo straniero genio mai non corrompa la
nostra nobile prosapia. Nessuno conservi
quella invidia seminata fra noi dagli antichi
[210]; nessuno creda, che i loro libri pieni
d'ingiurie sieno difensori della verità. Quella non è verità, ma bensì una disputa, che
la danneggia. Ognuno, ch'è avversario, per
quanto può, brama d'essere vincitore. Git-
tiamoli nella fornace [211] di Cristo; ed in
essa proviamo la loro sincerità: „ L'albero
buono, Egli dice, fa buon frutto; e l'albero dai frutti si conosce „ [212]. Un uomo
buono fa il bene, e non il male; coltiva la
carità, e non l'odio; la pace, e non l'inimicizia. Egli ama di esser vinto, non già
d'essere vincitore di lui, con cui viene a
confronto; e con questo egli sottomette il
suo nemico. Perchè siccome la natura della carità dimanda d'esser soggetta, e mai
non cerca ciocchè è suo, onde la opposi-
zione non guasti la sua nobiltà; così all'opposto l'arma della inimicizia viene sempre
adoperata con odio, e però semina ira nel
prossimo; e quantunque sappia l'inimicizia
d'esser menzognera, non vuole però domar
la sua superbia. Anzi spesse volte non può
nemmeno distinguere la verità: tanto è ac-
ciecata dalle tenebre della invidia.

Agitati da questa parlano alcuni [213], e

Թշուառական մտօք առ թշնամութին գնեզ
մարզեքին . որ թէպէտ ՚ի գիտունց՝ սակայն տր
րոյն քաղցրութէ ազեա եղելոյ ։ Օ ՚ի այա
ցափ անեւ բաւական է , և ոչ յայտնել զասա
կանա ծնողաց՝ տղ և խրատ ընկալւթ ։ Բայց
զայս մացյա յատերւք , թէ երկրորդին յայտ
նեզա՝ առաջինն րւեւզէ . և ոգիք մարզա
թեց՝ մարգարէից Հեաղանղին ։ Մանաւանղ
գէ և տմծ ոչ է խռովութէ , այլ խաղաղութ
թէ. զորոյ մեք քուսն Հարաք , և ոչ նորա ։
Պտուղ Հոգւոյն՝ զմերս անե առաքեալ , որ և
սեր , խնղութէ , խաղաղութէ . և ոչ թէ բղ
նզայն՝ որ եր Հեռ , նախանձ , քարկութէ , և
Հակառակութէ ։ Բանզի ՚ ոչ է կարող ճնա
նաշել , թէ և ՚ի տղայաքարոյցին իցէ՝ զայս
կուրացուցէ պտուղ նախանձու , որ գբէ մեղ
զՀրաձաքեին ՚ի քազմութէ ազգազ քրիստո
նեից ՚ի սիրոյ , և որոշէ լյորէնազ նոզա , յեւ
կեղեցյոյ և ՚ի միաբանութէ , և ՚ի Հաղոր
ղութէ ։ Մվ յանղգնութէ օրինաքբն . զի
մի այլ յաւելից՝ յաղթել ՚ի թշնամանձաց . և
զինեւ այաքան ժարՀութէս ունիս նրեք , մի
գու տրեզերաց քամբասող , և ոչ գւափ ան
ձին ճանաշող , եթէ գքմ՝ տմծ Համանգամայն
և մարդ գաւաննեն ։ Դարձեալ և Նոքա առ
իւրեանզն այստ աքտիւ զգաշեալք՝ ՚ի մենջ
Հրաձաքեն , եթէ գքմ՝ տմծ և մարդ խոստո
վանիմք ։ Մվ Թշուառութէս , ո՞ զար կանատ
կուշն որսղի , թէ ՞մ պատրեալ զմեզ մնա

con sentimenti assai pericolosi ci addestrano
alla dissensione; e quantunque dotti, igno-
rano però la dolcezza della carità. Questo
solo si sappia, e si copra la vergogna dei
Genitori (214), come divinamente fummo i-
struiti (215). Aggiungiam però questo ancora, cioè che se fu fatta rivelazione al secondo (216), si taccia il primo (217); ricordandoci che ancor gli spiriti dei Profeti ubbidiscono ai Profeti (218): e ciò con tanta
maggior sicurezza, quanto più è certo, che
Iddio Signore non è un Dio di confusione, ma di pace; la quale noi vogliamo ac-
cogliere, ed essi discacciano. Frutto dello
Spirito Santo dice l'Appostolo esser il nostro, ch'è la Carità, l'allegrezza, la pace;
e non il loro, ch'è la contesa, l'invidia,
l'ira, e la contrarietà (219). Poichè chi v'ha,
che non possa conoscere, benchè tardo d'ingegno, il frutto di questa invidia, che accie-
ca, e comanda di doverci astenere dalla
unione di tante Cristiane nazioni, e sepa-
rarci dalla lor legge, dalla lor Chiesa, dal
loro consenso, e dalla loro Comunione?
Che temerità di un Legislatore (220) presume-
re di vincere coll'ingiuria (221)! E qual motivo puoi tu vantare di tanta arroganza, tu
che detraggi a tutto il Mondo, e non co-
nosci la tua scarsa misura? Sei tu forse così audace, perchè l'universo confessa Cristo
Dio e Uomo insieme (222)? Ma essi ancora (223)

ախէք կ ցանցս ատելութեան պաշարեալ. եւ ի
վիայ չորք վերայ, մնաչ թողՀրղով սրհեսց'են
բա նեբըՀակս գինեայ։ Բայ ժ ինն եւ ընունւ
թիա ընդդեմ միսեանց ուսդ քաղաադրել, եւ
զսնեն մնասի ամաիրութ'ն կոնսել։

. . . .
. . . .
. . . .
. . . .
. . . .

Որաաց'է զմեզ երեսմա, համ թէ այրղ
իրրել չեա գաւսկեց Մարգ,որէ։ ,, Մարդարեցն
քն' սսե, ոՎ իրայէլ, սեստանեին քեզ դղւ
սեսմես, եւ ստեշծուսեն մարգսրեսնային ,,
Ով միշսորդ իսզաղւղութ'են զքս' Հինն ասե
լււթէ եւ Հականակութ'է սսսք. եւ գիսնղ
սչ եսեք սրսստււսգ սրժսնի։ Ով գլււիս սսե
գեսն որմնին միսււթ'է քսժսմսմն իսսրդց սղ
կին 'ի մեջ մեր' մարգսրեքն յիսմսրեսլք. եւ
գիսնղ սշ լսցցեն զմեզ Հշմսրսութ'է սսսա
կեսսա. Ով ո՞ քք'ի ծսզս սսիսսՀէ կկեղեղց
թէ, սր սչ զքն սնծ եւ մսրղ գսսսնէ. եւ թկ
սսս սսսսկես է, սս.ս ընդէց սսքսսն Հսsիս
ասկսւթ'սս 'ի մեջ մեր քսմսսցեսլ։ Միր սսքս
գսսսսս զեսրսสւսս'ն իւըրց մսրգՀսսււթ'են,
հսս Ժիստեսգ փսսսգ նորեն եւ սսdsuթ'են. 'ի
քրիստոնեսյս սsսււսնելcg' եւ սֆ ոք։ Բսնդի
sֆ եթե թդ,ււսշ սիսստն զsդsն դսււսսեն, այսե

aggravati da questo morbo, che tra di loro infierisce, se ne partono da noi, perchè confessiamo Cristo Dio ed Uomo. Che bassezza è questa mai? che inganno del maligno demonio? Vedi in che maniera seducendoci colle sue arti, ci fa cadere nel laccio dell'odio; e mentre abbiamo riguardo a Cristo lo stesso sentimento, pure ci armò contro della di Lui legge, c'insegnò a proferir con inganno alcune parole (124), e a far vane ricerche gli uni agli altri: e così con un finto amor di Dio si calpesta la Carità.

„ Piangerà dunque Geremia sopra di noi, o qualche altro compassionevol Profeta, e ci dirà: „ I tuoi Profeti, o Israele, vedevano visioni vane, e ti profetizzavano le loro finzioni „ (125). Ci pigliammo a fondamento dell'odio e dell'avversione Cristo mediator della pace. Oh dunque siamo degni d'esser compianti! Il Capo dell'Angolo (126) fu stabilito per muro di divisione, quel Capo dell'Angolo, che teneva unite le pareti. Questo fecero i falsi Profeti (127); come dunque non ci piangeranno i Discepoli della Verità (128)? Poichè quale si trova mai Chiesa Cristiana nella estremità del mondo, che non confessi Cristo Dio, ed Uomo? E s'ella è così, perchè dunque domina tra noi tanta contrarietà? Qual Nazione negò mai i benefizii della Umanità del suo Signore? Ovvero non vuole confessare la sua gloria,

գանչումնչ տարերա առանուն բաղկաննեզ և ջա
տագով հաստատոգն . և դգանագան տնօրէնու
թիւս ամծագեաձն յո՛ի գձագրութ՞ծ կերպարա
ներն , և գունովք երանգոց ճշմարտեն : Ճշ
ներն և աշխատներն ՛ի վերա տոքներն յաւոդ . յե
շեն դբանագհութե՞ներն ՛ի սեբոյն , և աբանչա
ցեալ ճնորՀ ունեն պարգևագն . նային ՛ի
փառս ամծութե՞ն , և բարձբանան յերկիր յեր
կինս : Իչ այապս ճնորՀզՑն ամ՛ տրիեղեբք
յաւոդմն առ քո տալադոն , ամեներգունն յու
գիներն կալով պողոտայ՝ յիւբագանչիւր աղգն և
աշխարՀս : Իչ մի գլխոյն է անդամ՝ապանմա ,
և աբեներ ,յոնք և բարբարոսք , Հայք և վիրք ,
ատրիք և եգիպտացիք · ՛ի նա են յարեալ ա
մենեբեան Հոգւով , և ձնա գգեցեալք Հաւա
տովք : Իչ զայս մանաւորապէս յայտնե ներ
գործութե՞ ճնորՀագ Հոգւոյն յիւբագանչիւրոն
արդեանբք դյրացեալ · յորոգ ոբք գանչինս
տաճարս ամ՛ աբաբին , վայելեգնին ՛ի ճնորՀս ներ
բա . պաշտպանելով ձեռն նոգա՝ ՛ի նշանս և
՛ի բժշկութես և ՛ի գորձս դարմանալիս , քննո
դագն յայտնի : Լակ ո՛չ թեք միայն մարդիկն ,
այլև անչումնչ տաճարն , և նշանքն ՛ի նոգանե
յանուն քո աբաբեալքն . գոբա անկաբ է ան
կատար Հաւատող կատաբել : Քանգի ույբ ո՛չ
Հաւատ՝ գիանդդ Հոգի , և ույբ ո՛չ Հոգի՝ գիանդդ
գոբութե՞ :

e la sua Divinità? Nessuna di quelle, che si chiamano Cristiane. Imperciocchè non solo confessano ciò colla lingua, ma chiamano ancora gli elementi inanimati come testimonii e vindici della loro fede. Dipingono anche con materiali colori [229], e rendono così visibili i gran Misterii [230] del Divin Redentore. Si affaticano, e prendonsi assai cure in conseguenza di questa bella speranza [231]. Si ricordano della umiltà del Redentore, della immensa sua carità, e stupefatti gli rendono grazie pe' suoi favori. Credono la gloria della sua Divinità, e si sollevano colla mente dalla terra al Cielo. In questo modo [232] colla Divina grazia il mondo tutto radunasi in Cristo, tenendosi tutti sulla strada dritta in qualunque Nazione e Paese. Del medesimo Capo sono membra la Spagna [233], e l'Oriente [234]; i Greci, ed i Barbari; gli Armeni, e i Giorgiani; i Sirii, e gli Egiziani. Tutti sono a Lui congiunti collo spirito, e tutti da Lui sono illuminati col mezzo della Fede. E ciò manifesta chiaramente l'effetto della grazia dello Spirito Santo, che attualmente in ciascheduno [235] si mostra più abbondante. Già chi ha questa Fede, è arricchito della grazia Divina, è soccorso col dono dei miracoli, e delle guarigioni; e fa quelle altre stupende opere, che sono a quelli, che vogliono conoscerle, notissime. Anzi non solo gli Uomini, ma i Templii ancora

Բայց որ Թենամին է օբրայ, եւ օրինակապին
ծաղիկն դոյք՝ քանզաԹնա բազմ տազցզ․ զնստա
ատածեւ եբեԹ ՀակառուտրոԹի․ զայն եւ եւր բաս
զուամ անգամ քնենցի՝ զՀակածատուԹ եբ
կոց կոռժանգյց զբում եւ անզբեր․ եւ զաշե այց
բոզ մինեանա, այլ ընդ Հերձուածողոյն որ ոչ
են այժմ ՚ի մեջք, մարբուցեալ․ եւ կեզա
կարծու Թ՝ա առեբեարդ՝ զբԹնամոԹին միչ
նորզ ՚ի միջբ անմատեբի Հատրատեալ՝ Հար
կանեն զատարս, եւ մինեանց ՚ի մեջ Համարեն։
Ո իբ օբինակ Թէ ոչ ձոզ մերաւորեյոզ՝ ըն
կերին կարծեզ ազեբ բոգցւածան, եւ եզա
որ ոչ Հաբկանեն, բնզ զաբռազցզ Հարուծին զ
զոյն զետուրբ․ եւ այապրոբ ապուեոզ ՚ի Թեզ
ՀանաԹի յարուգեալ՝ ումբա ամձամծատ զոզ
ծեւգեւ։ Ա յոգեա է ատեամեւ այոզ զաբ
զայ քբնատանեեզ առ եբեարս եբբա։

Վանգի մեբա է ՀակամձատօԹ ընզզեմ
այլ ազգաց ՚ի կարծիա, Թէ զեբ ձեբկոզ
բոբԹեզ անՀարատբ միացեալս ՚ի խուատ
զեսեբ՝ զատաբ Թ անտուանզ ըստոԹեն, կ
ապոյոԹբսան ոբեսեա եւ զեռԹեան՝ ոչ Թ
միացեալ․ այլ բատամնեազ խոտատոլանեն։

rm............, ed i segni (236), che questi Uomini fanno onde annunciar Cristo, ci sono manifesti indizii della loro Fede non imperfetta. Imperciocchè dove non è Fede, come
può esservi Spirito? E dove non è Spirito,
come può trovarsi virtù?

Ma il nemico della carità, e di Cristo che
la comandò, c'insegnò a litigar sulle parole,
e prender da quelle occasione di contrarietà; e questa disputa d'ambe le parti, che si
fa e a voce, ed in iscritto, anch'io esami-
nai più volte, e trovai gli altercatori in contraddizione, non già con se stessi, ma con
quegli Eretici (237), che or qui non sono.
Stabilisca l'inimicizia il solo sospetto, ed il
sospetto solo alza il muro di divisione. Si
battono gli stranieri (238), e si crede di fe-
rir quella, con cui si combatte. Questa è
quella guerra, per cui alcuno ferisce l'aria,
e crede di aver ferito il nemico. Il nemico
si sdegna della non ricevuta percossa, e per
questa falsa idea accesi tutti due a vicenda
di sdegno, si proccurano a vicenda dei gra-
vi mali. Così vediamo al dì d'oggi tra loro
molestarsi delle Cristiane nazioni.

Noi combattiam colle altre nazioni pell'o-
pinione, che mentre confessano Cristo di
due nature ineffabilmente unite, disgiungano
le proprietà dei nomi delle Nature, e le So-
stanze (239); e credano le Essenze (240) non
unite, ma divise. E tutti (241) sia il Conci-

Նա քաւանդական՝ թէ դժնի ժողովին, թէ մա
հացկերոտ, թէ որ սիւնեչլոյն թաղթ, թէ
շիրակացւոյն, թէ տարոնացւոյն, կամ թէ
այլ ումեք, առ այսպիսի գաւանուէ մարտն
չին՝ ընդ քաժանմամբ ած և մարդ դաւա֊
նողսն։ Այլ այս՝ նեստորի և կարծիք, և ոչ թէ
մեծի այ եկեղեցւոյն, և տրիգերաց աթքու֊
նական աթոռոյն։ Բանզի նոքա անարգիք
քաժանմանն եղեն, և լինին. և տան զերկուց
բնութէզն կզումն քու՝ ոչ այլ ինչ խորհր֊
գով, բայց զի ած զնոյն և մարդ խոստովա
նեսցին, և զեւտքեսի չար աքտանն տապատ
արքեաւլ տապալեսցեն։ Օ մի քա յերկուց ճա
հաչեն բնութէզ. վասն զի ած է և մարդ. և
ոչ թէ 'ի Հանաչեն գամ ճաա խառնումն քա
ժանեն։ Սատզ աշզ տեստանեն զ Հասն մար.
մին եղեալ, և 'ի մարմնի բնակեալ. և ոչ թէ
մարմնով աշզ քակտեզլոյ գնոյն գնինեն. Այլ
այսմ ամենայն ածաշունս գիրք, և մեք վլս
կայեմք՝ զմին քու, ած և մարդ դաւանել։

Այդ միոյ քու՝ որում մեք ածաւթն տամք,
նոքա բնութէ 'ի վերայ յաւելեալ՝ գեզութին
Հատատուէ յայտ առնեն. և որում մեք
մարգկուէն, նոքա գարձեալ յաւելչաճով
բնութէն ահաւան գեզութ մարդգսն, ատու
պեն. և գքութէն 'ի վերայ աոյին Հատատաք
մեզ ամբողջ Հաւտատան. յոճներով անաչա֊

lio Devino (242), sia quello di Manascerda (243), sieno le lettere del Siuniense (244), del Chiracunense (245), del Taronense (246), o di qualunque altro, combattono la confessione di quelli, che dicono aver Cristo, come due Nature, così anche due Persone. Ma questa è l'opinione di Nestorio, e non della gran Chiesa di Dio (247), o del Real Trono del mondo universo (248). Perchè questi furono mai sempre, e sono tutt'ora sprezzatori della divisione; e attribuiscono a Cristo l'appellazione di due nature, non con altra intenzione, se non con quella di confessarlo Dio e Uomo, e di condannare la pessima eresia di Eutiche. Conoscono un solo Cristo di due Nature, perchè è Dio ed Uomo; e confessando la ipostatica unione, non lo dividono. Vedono coll'occhio della mente il Verbo fatto carne abitar nella carne, e non vanno esaminando coll'occhio del corpo per separarlo (249). A questa confessione fa ecco la testimonianza e delle Sacre Scritture, e di noi (250), che crediamo essere un solo Cristo Dio ed Uomo.

Dunque allo stesso Cristo, a cui noi attribuiamo la Divinità (251), essi attribuendo la Natura Divina, ne stabiliscono la essenza (252). E mentre noi ne predichiamo la Umanità, essi ancora aggiungendo il nome di Natura Umana, la umana essenza riconoscono; e riguardo a questo ne confessano, come noi,

զնանութի՛ առ այն ինչ մեզ եբեթ Հանկաւա
կու թէ։ Ո՞ ևոյն է ած և մարդ աաեւ կ ԳԱ
և երկու բնութէ։ Մանաւանդ աառջիտ ոչ
միայն գեւութն, այլև զսահման եււթեան
յայտնապես մակագրէ. իսկ երկրորդ՝ լոկ
գեւութն առանց սահմանէ։ Լ պա յայտ է ,
թէ որ ած և մարդ դաւանեաց՝ զայլեայլ
բնութեան ՛ի վերայ միոջ անձինն ստուգեաց ։
իսկ զար առ այս՝ բներ ստորդ սեռութեն և
յանձնաաորութեն բաժանել։ յորմէ Տեհեր ա
մեևեին գաաանիցէ և մեջ և հոջս. Հեարորե
գորոֆ այս չաաապատաաութե , որ ոզոյեեալ և
՛ յեկեղեցւոյ ։

Ւարժեւալ Հակամարեեն ե ևպա ընդդեմ
մեր են առաւելայես ։ մակայն ՚ի կարձեա
մնոտ վարաւեեալս ։ եեր թէ զեւութն խոա
ատաեեէ լով ՛ի վերաա վերկեն բեռ ՝ ընդ ևաեն
և գատկուՁեն ածայեն և մարդկայեն բնու
Ձեեն չորեեԲեք։ Լ յեա միուՁեն Համ
րեալ՝ թե ոչ խաատովմանեւֆ զեա ած և մարդ,
այլ ՚եյատովկ բսուՁե ա՛ վրրդեալ աաեֆ
զևարգոյն ։ Որդե աեխտ զար Հա. ջաֆն ա՛
Հեոեն գաաան եկ որ դ ցեր Հաատաաանեայ ՛ե ա
կգաահեն և աաջ . և չայդաեն անեեայն գոա-
Ձեր Հարգն մեռոց՝ ած և մարդ, զեա դ.աա
եեն ։ Լ ոֆ աււաաեն ցսգաաեն. ար մեր ֆեաա-

la perfetta unione. Non abbiamo dunque, esaminando queste cose senza passione, alcun motivo di contrarietà verso di loro. Giacchè il dire che è Dio ed Uomo [253], è lo stesso che dire aver Cristo due Nature [254]; con questa sola differenza, che nel primo caso si nomina la Essenza, e se ne dà la definizione [255]; e nel secondo [256] questa Essenza stessa si confessa, ma senza definizione. E quindi pure è manifesto, che chi confessa Dio ed Uomo, confessò ancora diverse Nature in una sola Persona. V'è il male allora, quando con queste espressioni si vuole moltiplicare le Persone; ma da ciò e noi, ed eglino siamo affatto lontani: questa era l'eresia di Nestorio dalla Chiesa proscritta.

Essi [257] disputano inoltre contro di noi guidati solo da vani sospetti; perchè temono, che noi confessando l'unità del nostro Redentore, confondiamo anche le proprietà delle Nature Divina ed Umana; e sospettano, che noi crediamo esser avvenuto dopo l'unione, che la Natura umana siasi cangiata in Natura divina. Ma da questa eresia pell' ajuto dell'Altissimo sono aliene le Chiese d'Arménia dal principio loro fino adesso. E tutte le scritture che furono pubblicate dai nostri Padri, chiaramente confessano Cristo Dio ed Uomo. Nè contasi tra noi come vana, o non esistente la sapienza

տութի խորհրդոցն էթէ՝ որ պաշտեալ եր առ
այս ՚ի սկզբանէ , եւ յայտնեցաւ ՚ի յետինն ժա
մանակս ՚ի փառս մեր : Ա.յլ գիտեմք արդ ,
եւ հաւատամք ճշմարիտ , զի թէ եր ծանու
ցեալ զեկեղեցւյն մարմնով ՚ած՝ իշխան այնար
հես , ոչ արդեօք զտէրն՝ փառաց ՚ի խաչ հա
նեին՝ ըստ առաքելոյ : Ա.յլ լցան ՚ի խաւա
րի անդ մարմնոյն՝ լուսաւորէ անճառաբար
՚ածութիւն . եւ խաւար քանսարկուէն՝ որ հալա
ծեր զմարմինն ՚ի ժամանակի անդ տանջենու
թէն , ոչ եղեւ նմա հատու նախ քան գյարու
թին . Դիտեմք ընդ ամէն եւ գնորհրդյս զչ
բութն , թէ էր եղեւ այս՝ ՚ի յայտնութի հոգ
ւյն ՚այ. եւ հանեմատեմք ընդ հոգեւորս՝ րղ
հոգեւոր ճառս : Ա.յսքան՝ զի մարդովս այս
մարդն ծրկեսցի . զի միոյ մարդոյն արդարու
թիւ՞ լիցի յաւէնային մարդիկ արդարութին ,
որպէս միոյն յանցանօքն՝ դատապարտութի :

Օայս գիտեմք եւ դաւանեմք , եւ ոչ զշ բ
նորհ լինելոյ քանին մարմին՝ զլանամք . Ա. յլ
կայն առնումք զի բնութ՞ աստէ բանին ծարման
զելոյ՝ անճառ խառնմանն հոգւակ՝ բնդդեն
նեստորի . եւ թան ասելով եւ ծարմացեալ՝ զյառ
կաթին այլեայլ բնութ՞ զն հաւատատեմք
րատ սրբոյն կիւրղի . Ն.ւ ոչ առեմք ՚ի վերայ

del Mistero (²⁵⁸) di Cristo, che vi fu in Dio
fin dal principio, e a noi venne rivelata negli ultimi tempi per la nostra gloria. Ma
sappíamo costantemente, e fermamente crediamo, che se il Principe del mondo aves-
se conosciuto esser Dio quello, che apparve
in Carne, senza dubbio non avrebbero i
Giudei, al dir dell'Appostolo, crocifisso il
Signor della gloria. Ma il lume della Divinità risplendeva ineffabilmente nascosto tra
le tenebre (²⁵⁹) della carne, e per questo il
tenebroso demonio, che nel tempo della Incarnazione perseguitava la carne, non lo ha
potuto vedere prima della risurrezione (²⁶⁰).
Ciò essendo, facciamoci parimente a conoscere dalla rivelazione dello Spirito di Dio
anche la virtù di questo Mistero (²⁶¹); e cerchiamo il perchè siasi operato: ed alle spirituali cose dieno chiarezza gli spirituali discorsi (²⁶²). I nostri discorsi poi sono, che
a cagione dell'Uomo Dio l'uomo si salva;
e che per la giustizia di quest'Uomo solo
tutti gli uomini si giustificheranno, come pel
delitto di uno tutti furono condannati (²⁶³).

Questo sappiamo, e lo confessiamo, e
non ricusiamo giammai la grazia della Incarnazione del Verbo. Con tutto ciò diciamo *una natura del Verbo Incarnato*, per
dichiarare l'ineffabile unione (²⁶⁴); e dicendo *Verbo*, ed *Incarnato* stabiliamo con S.
Cirillo (²⁶⁵) le proprietà delle diverse Natu-

բանին նախընտրելոյ զի բնութեան պյատկութ ևու
թէղն չքնութելոյ, որպէս նոքայն կարծեն․
այլ բառ անձառ միաւորութէն երկողոյս ՚ի մի
անձնաւորութէ, և յամօւթէ և մարդկու
թէն յատկութէ։ Նա ի բնութէ է բաժանա
գոյթ ՚ի վերայ նոյին բառ միութէն, և ոչ
թէ եռութէն սահման․ զի պյամ անկար է
վնել։ Նալ․․․ և ինչն երբեմն զանձն միայն
որդւ մարդոյ ասեն, երբեմն Հաց յերկնից է
ջեալ երբեմն միարեն տեսեալ, և ՚ի ժինեա
պյակ աս ծանաւցեալ։ Արդ՝ յորմամ զայս
ասևն, ոչ թէ յորգի միարցայ ասևն միաւ
ամե զնոււե գնա որդի մ․․ կամ ՚ի յերկնից
խոււոանեն ամե զոանամե զմ ՚ի յերկրէ և
ևեն․ այլ մներեն զջեսն Հետևեդոցանետե։
Մյայես և զայս է տեսանել․ զի ասևն ի
բնութ բանին նախընտրելոյ՝ բառ անձաւորութէ
անձառ, միաւորութէն է Հրատարակիչ, և ոչ
թէ բնութէն կորուստ․ բացասացոութէ ան
ւամե, և ոչ եռութէն սահման։ Ո որ օրէնակ
սովորութ է զնոււե վամն մաջրութէն հաց ան
ոււամե․, և վամն պարզոււթէն լոյս․ նալե բա
գաամե անհատե ՚ի վերայ նոսա պյապետ ան
ոատե․ Մյակայն ոչ թէ մե ոչ ՚ի ազգանե
ջովթէ կորա ոտաղե՝ որ անՀամե է մայլ
մայ ն մներդամծութիան համեա նորա ամեն
յայանի գոգանե․ Արդ՝ մերգաջենե զամե
Համեն Հաամենի ամոամա պոարագբե․ ոչ
երբեէ․ այլ յամեր զայա և այյապեա զնանա

re. Nè diciamo del *Verbo Incarnato una natura* per confondere le proprietà delle essenze, (266), siccome quei, che ci combattono, credono; ma così diciamo per dimostrare l'ineffabile unione delle due Nature in una Persona, distinguendo le proprietà della divinità e dell'umanità. E il dire *una natura* è una spiegazione, che riguarda la unione; ma non dà definizione dell'essenze; perchè allora si direbbe cosa non opportuna (267). E siccome Egli medesimo (268) talvolta chiamavasi Figlio dell'Uomo (269), talvolta Pane disceso dal Cielo (270), e con altre indicazioni si nominava; e nonostante veduto nella sua carne, fu conosciuto da Filippo Dio, qual era (271); così anche noi, mentre diciamo siffatte cose, ancorchè il diciamo figlio dell'Uomo, non ci dimentichiamo esser Egli figlio di Dio. E quando diciamo esser Egli dal Cielo disceso come Dio, non neghiamo, che Cristo sia Uomo perfetto, ma raccogliamo una cosa dall'altra. E ciò si può conoscere, perchè il dire *una essere la natura del Verbo Incarnato* a cagione della Persona, è lo stesso che mostrarne la ineffabile unione, e non la distruzione delle Nature: questa è spiegazione del nome, e non definizione dell'essenza. Non si usa forse di chiamar Dio *fuoco* (272) per indicare la sua purezza, e *lume* (273) per indicare la sua semplicità, e non gli si attri-

սուֆթեն հաւատամք և գիտեմք։ Այլ յայս և
ի բնաւեն առդեւեն ՚ի վերայ յԷ ոչ թէ զլուֆթ
նորա հաստատէ, որ յերկուցն եր անշփոֆ և
յայտնի, այլ զներգործուֆի անձառ միառա
րուֆեն բացառվեստել։ Իսկ յորժամ ՚ի քննու
թեն մտեմք՝ սահմանել զանագելալ ասուֆն ՚ի
վերայ երևին. որպէս զանձ որ հօր անուանե
ցաք, ոչ ստուգեմք հօր լինել, այլ այլ ան
հաս էութին. սակայն վասն մարբողական
ներգործուֆեանն՝ պյապես կոչեցաւ։ Ըստ
այսմ և զքՃ զոր ի բնաւեն ասացաք, ոչ կա
բեմք ՚ի քննեն այսպես ստուգել, մանաւանդ
և ոչ կամիմք. այլ անձառ միուֆեն քարոզ
զայս բացառվեստեցաք։ Իչ ՚ի սահմանեֆն գՃ
տամեմք զնրագեալքն և յետ միուֆեն զանչր
փառ զորացուֆն՝ մարգկուֆեն և ածու
ֆեն։ Ահ զինանդ ֆեւագարֆ մարդ, և կա
մեսցի զայ որ առ մարգկուֆեն հնորՃն՝ ու
ճայն ցուցանել, և ամենայն ածառունչ գրոց
ընդգեֆ կերեל։ Մֆ լցցի զայս զնառա ա
ձել, որ առ մեզ այ այ եկեղեցւոյ։ Այլ որ
պէս է սոֆորուֆ գրոց՝ երբեմն ասել զնա
ած միայն, և երբեմն մարդ միայն, սակայն
յասեն պարզ քանբ զմին՝ զորուֆԷ և բռ
միաս ընդ ննին ՚ի ներբս փակէ։ Ըստ այսմ
և յասե՝ի բնաւեն բամն հաբեացելոյ, փ այբ
լով՝ զանձառ միաւորուֆենն չջգրտէ։ Իսկ
բան հաբեացեալ ասելով, զայլեալդ բնուֆեն
հատատէ։ Ահատակ յայս երևե հայբ ՚որ,

buiscono ancora altri nomi consimili? Eppure nessun di questi nomi ci palesa la sua essenza, ch'è incomprensibile; ma solo vengono con questi dichiarate le di Lui perfezioni. E che? è forse peccato l'indicare l'incomprensibile con questi nomi comprensibili? Nò: Anzi ciò dicendo crediamo, e conosciamo esser egli incomprensibile. In simil guisa dicendo *una natura di Cristo*, non neghiamo già le due Nature inconfuse, e distinte, ma facciamo allusione alla ineffabile unione di tutte due in una sola Persona [274]. Quando poi vogliamo venire all'esame per definire il nome relativamente alla cosa; come chiamando Iddio *fuoco* non vogliamo già asserire ch'è fuoco vero, ma che Dio vien così chiamato per la sua purificante virtù; e parimente quando parliamo del Mistero, non possiamo, nè vogliamo [275] dare il senso a queste parole, che sembra debbano avere; e diciamo, che anche dopo la unione le due nature divina, ed umana si trovano in Cristo inconfuse, e distinte. E come mai l'uomo impazzisce, e vuol mostrare di niun valore la grazia di Dio fatta all'umanità [276]? Perchè insuperbendo vorrà farsi nemico delle Divine Scritture [277]? Così non mai si pensi da alcuno, che appartiene alla Chiesa di Dio, che è presso di noi. Ma siccome ella è usanza della Scrittura chiamar Cristo talvolta Dio soltanto,

Թէ զինչ ինչ 'ի մէջ մեր վասն առ. զՏ խառո
վասնաւթեան Հակառակութ. որբ 'ի մի զառ.
դաց վերայ ընՅացաք՝ և ընՅանամք։

Այլ մերԹՅ՝ առէն, ոչ որ զայս մՅսեղն ցայ
սոր յայշանեաց, այլ մանաւանդ և զնարին Հա
կառաւծն։ Այս է այս ընտելլ. մանաւանդ
Թէ և բազումք անաջէն 'ի մերբցզ՝ առաջեաց
սբբոցն եղեալ Հետևողք։ Սակայն բարք
մարդկան Հակառականեր է. զայսս որ ճրշ
մարտուԹԵն էր խատազուլ և խարատզուԹԵն,
անզուներցին. և զաւ ԹՅնամուԹՆ մարզիս
բանան՝ սիրեցին և զբեցին։ Այպա Թէ ոչ ոՅբ
զիզուք զգանա յոՏաննու իմատատիրին և
Հայբապետին, որ զայս առ մեզ զկայուԹ
Հաջն մեզ տութ։ Օ եբբի Հայբապեւռն,
և զեառզ ժողովյն զՀառածՅ։ Օ վա
Հաճաղ Հայբապեւռն զՀաճձայտուԹՆ առ
միծ եկեղեցին Հառաւծց, և զնարին Հետևա
դաց ԹԹաւառացն և վաւդբատեանգ։ Յոբացg
մի էբ և իՅն ամճաՀաւբՀ և յորււծց զէբբացաՅ՝
ՀՅեհւնաՅՅն 'ի մազաՅն, զբեզ,որ ՆերբէՀացՅն Այբ

e talvolta Uomo solamente, giacchè, una indicazione per chi è nella Fede istruito non esclude l'altra; così quando si dice *una natura del Verbo Incarnato*, con quell'*una* viene provata l'ineffabile unione, e con quella parola *Incarnato* vengono stabilite le diverse Nature. Ecco o Santissimi Padri, che appalesossi apertamente non esservi tra noi (278) alcuna contrarietà riguardo alla nostra Cristiana Confessione; poichè abbiamo camminato, e camminiamo sempre sullo stesso sentiero.

Ma perchè, dicono, nessuno fino ad ora questo ci dichiarò, ed anzi ci disse il contrario (279)? Spetta a Dio solo l'esaminar questo (280); ciò non ostante molti ancora de' nostri lo dissero imitando gli antichi Santi (281): ma perchè sono gli uomini per indole contenziosi, disprezzarono quello, che era a difesa della verità, e della pace, e vollero, e scrissero quanto può servire di fomento all'inimicizia. E qui dove lasciaremo noi le parole di Giovanni Filosofo, e Patriarca (282), che colle testimoniauze de'Santi Padri tanto bene si spiega? Dove il consenso di Esdra Patriarca (283) unitamente al suo Concilio? Dove la concordia colla gran Chiesa Greca di Vabano Patriarca (284), e dei Re, e Dottori che gli acconsentirono? Una de' quali era quel Divino, e fra moltissimi esimio, Angelo in carne, Gregorio

և զպտայ աշօք տեսէք, և թանիցն աշակերտ
էք, և Հիսանին արկեալ չհնչէք՝ զպրայ Հօրն
մերոյ ներքսի զայամ Հետուոդուβ․ Սապա
ամենեքեան զայս երկնէն զխորՀուրդ՝ և
ծնան, զոր դուք Հանդերձեալ էք կատարել
և սոխալ զեկեղեցի այ կերակրել․ և այլ բա
զում ընդ սոքօք, որ ուսումնասիրացն է յայա
նի, և աշխատելոցն առ ՛ի թանից նոցին աշա
կերտուβ․ մեր Հարք, և մերոյ տատմիա եա
Հապելօք․ Վանգի ոչ եթէ ինձ ումանց տիկա
բուβ մերոյա արտաքոյ եղանել․ ուստի և
զօրացեալ չնորՀօն այ, սքօք զտտացեալ
Հատատատեցաք։

Ապա թէ եին ումանք զարձեալ՝ որ տցա
ընդզեմ զքնեցան, զիտեմ և եւ չնոսա․ Ճա
նաչեմ և զանից զօրուβ, և չեմ անատ
դեակ։ Ուստի և զտանեմ չնոսա՝ թեպետ
սուբբա և իմատոունա, սակայն ոչ ՛ի սերոյն
օրէնս ճշմարտուβ վայելողա․ որք ոչ վարկա
նեին իբրանց յամցանա, զնուβ եկեղեց
լոյ քնի մնտոի խորՀրդով քակտուβ․ ուստի
և յանզզնապար ՛ի նոյն մեեցան։ Որոց եե
բեացե ած ապօβիք ձեր, իստ մեծի այա մա
ակն յանցանաց սպատման․ և մի լեչեցե զա
ձեղղուցանեն զայաբ չար ատտի ճարակումն։
Որոյ պտաոդ ոչ այլ ինչ տետանենք, բացց
միայն զանապզուβ անուանեն քնի։ Առով տե

Naricense [285]. Dove lasciaremo il consenso a ciò del nostro Santo Padre Nierses [286], cui vedeste cogli occhii vostri, e delle cui parole siete fidi discepoli, e fabbricatori del fondamento da lui gittato? Tutti questi, che concepirono, e posero in pratica il presente consiglio [287], che voi dovete condurre a termine, e con ciò beneficare la Chiesa di Dio, ed altri molti con esso loro [288], furono i nostri Padri, e Patriarchi della nostra Nazione noti abbastanza agli eruditi, che si dedicarono ad imparare la loro dottrina. La debolezza di alcuni [289] vuole, che io usi dell'autorità di questi soli. Per questo ajutato dalla grazia divina formai il mio discorso, traendo le mie parole solamente da loro [290].

Ma se alcuni vi furono [291], che a questi fecero guerra, io li conosco; sento, e non ignoro le loro opinioni. Perciò benchè sieno da qualcheduno [292] creduti e saggi e santi, pure non li trovo esecutori della legge di Carità. Essi infatti con sognate idee non si recarono a delitto il rompere l'unità della Chiesa di Cristo, e il portarsi con arroganza. Dio loro perdoni, come lo prego, questi loro delitti, ed errori; e non più si ricordi quell' aumento, che proccurarono di questo pessimo male. Non venne di qua altro frutto, fuorchè il dispregio del nome di Cristo; che al presente vien fatto da molti, e m'è oggetto di amara compassione.

8

անենէք այժմ զրացուցանն վարժեալ, և որ_
քան ապրաստաօք. զի յառաւել սոնքորութէն
ճանութէ լեալ է ինքեանց՝ առ ազգս քրիստո_
նէից, և յեկեղեցի նոցա առելութին. և
պախտ շար թշնամութն հայհոյութէ շար
յաչապանօքն յազեցուցանելով՝ քծի համա
րին լինել վրեժխնդիր: Ոչ Թշուառութեա:
Վա Թէ և առ հաւատոյ քան լցեն հաւանա
կան խոստովանութե յայլ ազգաց, ոչ կամին
'ի սերն խնամրշել. այլ քուրն հարկանեն
զայլ կարծեաց՝ թէ նոքա զներս առեն ազգ,
վկան այտրիկ և 'ի մէնջ առեցին. կուփեն և
կեզքեքեն և հայհոյեն զներզ, յազագա այատ
ըիկ և 'ի մէնջ հայհոյեցին.

Ոչ մնացի դու. և ոչ ուսար վերօք զվեր
թշկել: Պոոս քամբասելյն ընդդեմ դր_
նեաց, զհալածին յանծն առ, 'ի հայհոյեն
ապաշեալ. և այնպիսի մարթանօք զտինեզեր
աշակերտեալ. զեզ հեռւսոզ նոյին ո ու
սոյց շարի շար հատուցանեն: Ոչ զինես, թէ
զհուրն՝ ջուր շիջուցանեն, և ոչ հուրն. զրմ_
քոստանան՝ խոնարհ ութն ևուամե, և ոչ
ընդդիմահարութին. շարն՝ բարեաւն յազ_
թի, և ոչ շարեաւն: Ապա թէ դու առ այս
հեղգաս, հեզ լինել ակարանատ, սիրել վեր
ջանատ, զիանր 'ի հակառակամարտեն վանյն

Pella continua consuetudine con costoro l'odio delle Cristiane Nazioni, e delle loro Chiese è loro divenuto naturale. Ed essi intanto, mentre con pessime calunnie di maledizione saziano la detestabile passione della loro inimicizia, si danno a credere d'esser vendicatori di Cristo. Che miseria è ella questa mai! Ma ciò non basta. Benchè abbiano udito la confessione di Fede fatta da altre Nazioni in maniera da doversi approvare, con tutto ciò non vogliono piegarsi all'esercizio della Carità, ed abbracciano diversa opinione. E si formano per ciò fare una scusa, la quale si può così esprimere: Gli avversarii odiano la nostra Nazione, dunque sieno odiati da noi; ci attaccano con ingiurie e maldicenze, dunque da noi siano maledetti (293).

O tu (294), che pretendi esser saggio, dove mai apprendesti a guarir le piaghe colle piaghe? S. Paolo (295) sostenne di buon grado le persecuzioni di chi lo caricava di maldicenze; e quando vedeasi biasimato, pregava per quelli, che lo disprezzavano. Queste preghiere condussero tutto il mondo alla sua dottrina. E tu, che devi essere il suo seguace (296), dove apprendesti a ricompensare un male coll'altro? E non sai, che il fuoco viene spento dall'acqua, e non con altro fuoco? Che l'arroganza si vince coll'umiltà, e non col contrasto? Che il male si

պահանջես. Թերևս զնմանէ զա՞նց արար քան
սարկուն, և առ քեզ միայն ներգործէ ։ Նոյն
մարմին է՛ որում դուղ ես վիճակեալ. և նոյն
մախանացն ծառայ, որով դուղ վարակիս.
մանաւանդ Թէ ըստ այսմ խորհելովն՝ և առ
ուեւէլ զի դու 'ի նմանէ, և ոչ Թէ նա 'ի քէն
Հատաւ. դու զնա, և ոչ Թէ նա զքեզ ան
գունեաց 'ի սկզբանէ ։ ,,Դու ձիթԹենի վայրե
նի պատուաստեցար յանքուն քո 'ի բարի ձի
Թենւոյն. զի զպողասն յեշատակեցից . ոչ
Թէ դու զնա, այլ նա արմատ գոլով երբեՏն
զքեզ կրեր 'ի վեր ունելով,,։ Իսկ զի այժմ ոչ
ենք այսպես, տկարացաւ և նա առ օրէնս սի
րոյն. առեալ զայսոսիկ նիւԹ' մախացաւ, ա
ուեւէլ զգաստուոյն պարտն պահանջելով ։ Իսկ
ոչ քարեւան ջանացեալ զշարն յողԹաՏարբէլ,
ժխտեցաց Հայրենի գԹոյն, և ստաՏակուԹէ
որդւոյս ԹՏամի ընդդէմ կերեցաւ. և եթ
կրքին կողմանքս յայսմ վերէ վիրացաք ։

Արդ՝ մնասցո՞ւք իպառ. պաղաքերեսցո՞ւք
առ յապա զՀայՀոյուԹէն պտուղ. Թողցո՞ւք
զողոմնա չարեն 'ի մէջ մեր, մինչև Հնձեն և
յայրեւլ պատրաստեն Հրեշտակք ։ Դիտելով

toglie col bene, e non con altro male? Se
tu, dunque, trascuri siffatte cose; se non
vuoi essere mansueto; se tralasci d'amare;
come poi tutto questo pretendi dal tuo avversario? Credi tu, che il demonio lasciando colui (197) a parte, sol contro di te abbia
volta la sua tentazione? Nò, nò: Ha egli la
stessa carne, che tu hai; ed è soggetto alla stessa invidia, di cui tu pure sei servo:
anzi perchè tu fosti il primo a dividerti da
lui, tu, e non esso, fosti il principio della
dissensione. Ricordati delle parole di S. Paolo, nelle quali si dice: »Che tu essendo un
olivo selvaggio, fosti innestato in quella buona oliva, che non ti era naturale (198). Non
tu desti vita a lei, ma bensì ella a te la
diede. Ella si ergeva sopra le sue primitive
radici (199)». E perchè ora più non siamo in
quello stato (300), essa pure mancò alla legge
di carità; e pigliando da ciò occasione di dis-
sapore, se ne ingelosì, e l'onore a se dovuto da principio anche adesso pretende. Non
si cura di vincere il male col bene, nè più
esercita la paterna clemenza; ma si dichiarò nemica contro gl'insolenti figliuoli. Così la piaga (301) si rese comune a tutte due
le parti.

Ma restaremo noi dunque sempre così,
e rinascerà anche nell'avvenire il medesimo
frutto di maldicenza? Lasciaremo tra noi crescere ancora questa pessima zizzania seminata

զուզին դալանութէ , միայն սողորութէ՝ սե
բոյն մերձացուք։ Մի՛ եզլամբ իմ արլաշեմ,
մի պայս խորհէլ. բարբ է խմաբտէն. մեք
Հանաացուք նախ յախշտակել զէնորէն. կա
միմք զի սիբեացուք, մեք նախ զսէրն առատա
ցուցօւք. մերոյն լուիցօւք վարդապետին բօն
որ ասե.,,Որպէս կամիք թէ արասցեն ձեզ մաս
դիկ, այնպէս արարէք և դուք նոցա,,։ Նախ
դու՛ք արարէք, և այնու զնացայն կամն սս
տար և Հաւատար ձերոյն ժառանգէք։ Յա
ռաջեացօւք ապա մեք լինել ազլեբ խաղա
ղութէ։ կանխեացօւք մեք զզբախտ միաքս
նութեանն առոգել։ Մ՛չ որ զբեռն ընկերէն
բառնայ, կատարէ զօբէնան բօն. ո՛չ որ նախ
խմաբտէ, նախապատէ բարձբացի. ո՛չ որ
զկատարեան ունի սէր, ո՛չ ինդբէ զիւբն։

Օ Հայբենեացն օբէնս պատեացօւք ամ
բողջ. մի Հանացուք լուձանել զօբէնան էյ,
և զմերս Հաստատել զաւանդուէ։ Բարձցուք
զզայթակղութէ եղբարցն յանձանց ; և լի
գօւք նոցա բժիշկք. տացօւք յանձինս կամաց
նոցա տեղի, և սիբեացօւք նոցա։ Ի ենի բս
զում անգամ պատաՀումն Հիւանդի առ.՛ի

dall'inimico, onde al tempo del mietere gli Angeli la raccolgano per darla al fuoco [302]? E mentre professiamo ortodossa Fede [303], vorremo per sola consuetudine rinunziare alla Carità? Io vi prego, o Fratelli, non pensate così; è cosa buona l'umiliarci. Proccuriamo a tutta possa d'essere i primi a guadagnar la grazia dei nostri avversarii. Vogliamo essere amati? facciamo noi abbondare la carità i primi. Ascoltiamo il nostro Divin Maestro, che dice: „ Come volete che a voi facciano gli uomini, così fate loro anche voi [304] „. Voi operate in questa guisa i primi, e al voler vostro sarà di ajuto, e di compagnia il volere di loro. Noi dunque precediamo, e portiamoci ad aprire il fonte della pace, e ad irrigare i primi il Paradiso della concordia [305]. Forse chi si addossa il peso del prossimo suo, non adempisce la legge di Gesù Cristo [306]? Forse chi s'umilia il primo, non vien esaltato maggiormente [307]? Forse non chi professa una perfetta carità, non cerca, e non acquista ciocchè è suo [308]?

Siamo esecutori esatti delle leggi paterne [309]; non siamo così imprudenti da rifiutare la tradizione Divina per istabilire la nostra [310]. Togliam lo scandalo ai nostri Fratelli, e siamo i loro medici. Apriamo il nostro cuore alla loro amicizia, e la possederemo. Accade spesse fiate ad un infermo di non cono-

յոչ ձանաչել զկերն․ եթէ ձանաչեն՝ խմար
հեցուք, զի բժշկեցեն․ ապա թէ անձամբ
յանձինս բռնգտանիմք, ընդէր յայտնել
գժուարիմք։ Համանայր եմք որդիք, մի կար
ծեցուք Հրապույյա պղտոր մեզ արբուցանել․
եղբարք են, և ոչ ՚ի Թշնամեաց․ ծանիցուք
զԹշնամւոյն գեանտարկուԹի ՚ի մէջ եղբարցս
արկեալ՝ գործակալուԹէն Հաստատող։ Պատ
ուիրան ընկալաք՝ արբգականն ոչ մնանել ՚ի
վերայ թարկուԹէն․ յիշեցուք գոբբանուԹի
յանցուածոյ օրինացս, և գոշասցուք։ Հրա
պարակեցուք զնեբգործուԹի շարախսին,
և խայտառակեցուք զնա։ Ո իարդ Թողու
Թէ կարող եմք ինդրել յմա, որ նախ գմեր
Թողուն ուսաք առաջի նորա գուցանել․ և
առ այս յապաղիմք։ Ոչ այն զի Հրաման ընն
կալաք՝ ոչ քրիստոնեից եղացրց, այլև Հե
Թանոսաց գուցանել զայս։

„ Մի երեքք կացցես յարդարուԷ քում „
վարդապետ մեզ ոմն ՚ի Հարցն, որ Հչգրիտ
գիտեր գմեքենայս շարՀն․ մինչև ցեբբ յա
ջակողմեանն գԹեմք անգջականապես։ Մի
անգամ նշաւակեալն վերասին խայտառա
կեսքն․ Հաղգ բազամանՀար վարմին ՚ի լյս
եկեալ՝ մի առուբրացցի։ ՚Ի պատուիրանս ի
մերոյ, քան գԹշնամին՝ մեզ յառաջեցուք
մասմանմաս․ ,, ,,Քան գԹշնամին իմ՝ աղոԹեր

scere la sua piaga, ma se alcuno la mostri, egli subito si umilia per essere guarito. E noi che riprendiamo noi medesimi, perchè sdegnaremo di palesarci? I nostri avversarii sono Figli della nostra Madre; non sospettiamo dunque, che ci voglian porgere il torbido calice delle loro lusinghe [311]. Sono Fratelli, e non nemici. Conosciam dunque, che la malizia e l'odio furon seminati dall'inimico [312] per istabilire tra noi Fratelli una dissensione perpetua. Ci fu comandato di non lasciar tramontare il sole sopra dell'ira nostra [313]; ricordiamoci dunque delle nostre tante trasgressioni, e facciamone penitenza. Si pubblichi l'opera del Maligno, e facciamolo vergognare. Come potremo noi chieder perdono a Dio, se avendo il dovere di perdonar noi stessi ai nostri avversarii [314], ciò affatto trascuriamo? Nè solamente ci vien comandato di perdonare ai nostri Fratelli cristiani, ma il precetto si estende anche riguardo agl'infedeli [315].

„ Non istarai nella tua giustizia „ dice un Venerabile Padre [316]. Ed egli così parlava, perchè conosceva tutte le frodi del maligno tentatore. E fin a quando vorremo noi camminando piegare alla parte destra [317] senza pentirsene giammai? Chi fu una volta svergognato, verrà coperto di rossore nuovamente [318]. Il laccio teso [319] con artificio è già scoperto, nè sarà nascosto mai più. Proc-

մարգարէէն, զնա արտա 'ի պատուիրանա քո և
մատուռն ,, ։ Յոյժ կարևոր առ ամենև այսօր
զայս աղօթս մեզ . զի մի աժսիրութե կար
ծեօք՝ յամառեցութե հաղա լեցինք կոր
ծանեալ . բաւական լցի մինչև ցայժմ՝ րստ
պատուիրանին մոլորեցուցանե են, և ընդ խա
հար որպէս 'ի լոյս ընթացուցանե են ։ Դատա
պարտեցի այսուհետև զրապարտէն մեր , օք
պէս 'ի սկզբանն . իշխան աշխարհիս դատա
պարտեալ է եղաւք, և սերն և խաղաղու
թեն 'ի ժրկէն մերժէ նաորզեալ . սերն ոչ
աղգի առ իւրն աղգ , այլ ամենեցուն քքա
տոնենից լինէլ 'ի քա մի աղդ ։ Այսպէս յօրէ
խաղաղութիս , որ զՀնորՀան 'ի դվխայս յան
դամանէ իՕուցանէ ։

Մի գլուխ ունինք զքա . միոյ գլխոյ ան
դամոց զիանդ Հնաք է 'ի միմեանց պատակ
տել. վերա ունինք, 'ի միմեանց բժշկեցօւք .
առոզչութիս, 'ի փառա իրերաց զուարձա
ցօւք . մի անՀաւատք լեցուք առ 'ի վառակ
ցե ես միմեանց . մանաւանդ թէ մի և զանգա
մոյ նախապատուութե արՀամարՀեցոււք ։
Անէ ատորժէք, և այսմ լեցուք անաչառ լինա
լութե որոշէք . բաղզատութե աշաց զեղ

curiamo di divenir saggi piucchè i nostri nemici, eseguendo i comandamenti del nostro
Dio. Il Profeta pregava così: „ Fatemi saggio ne'vostri comandamenti più de' miei nemici „ (320). Veggo al dì d'oggi, che questa preghiera è più necessaria che mai, onde sotto il pretesto di amore divino non ci
troviamo meritevoli del divino odio. Basti
l'errore, che fino ad ora ci condusse alla
trasgressione del comando; e ci fece camminare tra le tenebre, come se queste fossero luce. Il nostro insidiatore verrà quind'innanzi condannato, come lo fu in altro tempo. Il Principe di questo Mondo (321), Fratelli miei, ebbe già la meritata sentenza. Il
Divin Redentore riconduce la carità, e la
pace: carità per altro, e pace, che non ap-
partengono ad una sola nazione, ma ai Cristiani tutti, che un solo corpo devono formare in Gesù Cristo. Questa carità, e questa pace possono esse sole far discendere le
grazie del Capo sulle membra tutte.

Il Capo di tutti è il medesimo Cristo.
Come, dunque, le membra del corpo, che
gli appartiene, possono dividersi, e separarsi le une dalle altre? Abbiam delle piaghe?
medichiamoci a vicenda. Siamo sani? ral-
legriamoci l'uno con l'altro di questa nostra felicità. Non ci dispiaccia, se vediamo,
che l'uno ha compassione dell'altro (322).
Nè ci dolga giammai, se alcuno membro

քարին Համեմատեցուք. 'ունէն գոլով մեր,
մի՛ զի չեմք ահա, տաացուք, եթէ չեմք 'ի
մարմնոյ անտի. քանզի ոչ եթէ զներգարծու
թի իրէն վայրապար բանս լուծանէ : Նոքա
տեսին, և մեք լուաք. զոր տեսին` զնոյն և
մեզ ուսուցին. յառաջ եղեն 'ի քէն, և ընդ
նմա իշխանութէն յաջողեցան : Քանզի և
զայս ոչ կարծեմ ասել վայրապար. պօղոս
անկեաց զորթն, և Հոգւով նորա լցեալ
Հարբէն` յերրաքանչիւր ժամանակս զջուրն ար
բուցին, և ած աճեցոյց : Մի 'ի քարունակացն
և մեք` 'ի նոցա որթոյն սաղարթ ծաղկեցաք.
կարգս և օրէնս նախ անձանց Հաստատեցին,
և ապա մեզ աւանդեցին. գրովք սրբովք նախ
զմեքեանս կրթեցին, և ապա զմեզ վարժե
ցին : Նաև չարորճէն այլ զնոյն քաղաքաւ և աշ
խարհաւ անշարժ զնոսա պահեաց :

Այղ` եղբարք ապաստեմք. առ պաս մեք կար
ծիմք ունել թերութէ, և նոքա ջանան յուղ
ղութէ, մի իբրև զանցգամն 'ի մանկանց` ընդ
դէմ պատասխանեցուք : Իսկ յորս բաղգտաա
եմք զնոսա թշնամութէ, և գրոց սրբոյն
խորՀրդակցութէ` լիցուք սիրով վերացն բր
ժիշկս : Յազումճ գիտէ փափկութէն գոր
ծել դանդաղութէս, որով յօրանան : Դեւ

all'altro è preferito (323). Se vi piace, esaminiamo senza accettazione di persone anche questo, scegliendo qualche opportuna immagine. Paragoniamo i nostri Fratelli agli occhii, e noi alle orecchie. Perchè non siamo occhii, ne avverrà per questo, che non
apparteniamo allo stesso corpo? Questo pa-
ragone spiega felicemente il mio sentimento. Essi (314) videro, e noi udimmo; perchè
quello che videro, a noi insegnarono. Furono i primi alla Scuola di Cristo, e pella potenza di Lui furono prosperati. Io lo dirò,
perchè mi cade in acconcio. Paolo piantò
la vite (325), e i Padri (326) ammaestrati dallo Spirito Santo la innaffiarono in ogni tempo, e Iddio la fece crescere. Noi pure come un tralcio della vite loro fummo un giorno fiorenti. Si stabilirono Canoni, si fecero leggi, e tutto a noi si tramandò. Prima
nella Sacra Scrittura esercitarono se stessi,
e poi la insegnarono a noi (327). La Divina
Grazia li mantiene ancora fermi nella stessa Città, e sotto lo stesso Dominio (328).

Perciò, Fratelli miei, ve ne scongiuro,
che se siamo caduti in sospetto di qualche
mancanza (329), e se l'impegno essi s'addos-
sano del nostro ravvedimento, non vogliamo
loro rispondere come insolenti fanciulli.
Ed a vicenda, se trovaremo noi colla scor-
ta delle Divine Scritture, che sono essi in
qualche punto calunniatori, noi stessi sia-

թառ որսայ զգողութիւն 'ի մուացութէ պատ
ուիրանէն, որով պանձանան։ Դիտէ վանել
արծաթէ ծառայեցուցես, որով խրոխտանան։
Հպարտ առաշրէ գիտութէն, զոր մայր ու-
ներով 'ի նոյն ապատան եղեալ Ճոխանան։
Արդ՝ կրեցն լեցուք՝ մի աղՃատիք, այլ զալ
լաւիցք. մի եպերիք, այլ առողՃացուցիք.
մի կոՃձեցուցիք, այլ դարմանիք. մի երգի
ծանիք, այլ մեղիթարիք։ Բանզի զայս զկ
տեմ անդամոց սոսորութէ, որով և մեզ անc
ուանիք և պանձանամք 'ի գլուին մեր ջc։
խանարՏեացն ակն առ ուննն, և ունննն այացն
լեցն ուտուցեt. եթէ սխալեացն՝ յոթՃ պատ
գեացն, մերատն ուացի. և եթէ աննոշ պատ
Ճեաց զՃայեցուածն, զկաղակարծութիւն
Հատատեացն։ Ս՛ի դանդաղեցուք՝ մանա
լանդ և փութացուք, բժշկել և բժշկել։ Ա՛ ո
ջց աճառնայ ՃորՃ բժշկութէն. նորա գո
լով մարմին երկուցս կողմնg՝ զճ բժշկել
մի դժուարեցուք։ ;յթէ մեզ և եթէ նոցա
լեցն առողջութ, որկեն մերոյ է անունանն
սրբութէ. բատ որտմ և Ճիանդութէն Ճալ
Ճոյութէ։

mo loro medici caritatevoli; perchè sieno curate le loro piaghe [330]. Si abbandonarono alla mollezza, e per questo introducono delle dilazioni. L'arroganza, per cui si vantano, e per cui vanno superbi, facilmente introduce la dimenticanza dei precetti divini. E l'argento, che fa schiavo l'uomo, e lo gonfia; che conduce a disprezzare i meno ricchi. La scienza, che hanno per Madre [331], ed in cui tanto confidano, li rende intolleranti. Non vogliamo, dunque, render più vive queste passioni, ma cerchiamo di renderle più deboli. Non esacerbiamo il male, ma medichiamolo. Non irritiamo, ma fomentiamo. Non riprendiamo, ma consoliamo: questa essendo la consuetudine delle membra [332], d'onde noi pure abbiamo il nome, e di cui ci gloriamo nel nostro Capo Gesù Cristo. Piegasi l'orecchio all'occhio [333], e poi l'orecchio sia maestro dell'occhio. Se la lezione è dimenticata, s'impari nuovamente. Se ancora è ricordata, verifichiamola. Non ci perdiamo nell'introdurre indugi, ma diamoci piuttosto fretta per medicare, ed esser medicati. A Cristo si riferisce la grazia della guarigione, essendo le diverse membra parti del corpo di Lui. Non ci dispiaccia, che Cristo si sani. Avvenendo la guarigione sì a noi, che a quelli, sempre ne verrà gloria al nostro Salvatore; come all'incontro dall'infermità nasce la bestemmia.

Ով մեծի հօրհե խաղաղարարացդ. այ տե
րապես որդիխում. ,,Նշանե՞ ասե, խաղաղարա
րաց, զի նոքա որդիք այ կոչեսցին ,, : Լ ուամք
զմն անսուտ ձեզ խոստմունս. խրախուսեցէք
առ այս բարբառոյ յոյս՝ փոյթ տրեզերաց. և
լէք ՚ի վերայ աւետարանական բարձր լերինն՝
աւետարանեսցեզ սիովնի. քարձրացուցէք, մի
անխայեք զարքաստ ձեր՝ աւետարանեսցեզ
երուստաղեմի. քարձրացուցէք, մի երկնչեք յա
համբուրեան երկեղդ: Խաղաղութե եք աս
լեստարանիցք, ընդէ՞ր ամսացէք. քոև թերեք
զկամնութին և զվկայութին, մի պատկա
ուէք. պսղրա զայս ձեզ Հրամայե: ,,Ով տիսմն
թէե՞ մի ամօթ Համարիր զվկայութիւն մն
յոյս ,, : Լ.յ զի՞նչ այլ քոև ճշմարիտ վկայուն,
քան եկեղեցող նորա լինել յոյդ միաբանու
թեան. զի՞նչ այլ մեծ աստիմնութէ, քան
եմանել քոև, և զխաղաղութին՝ զոր նա ա
րթամե Հաստատեաց, թերամնց բարբառով
մերատին ուզել: Աշկերոք աւետելոցն՝ ա
ունեելական Հետոցն զմն փութացէք. ՚ի բաց
փախեսցուք ՚ի սրտից մերոց զչար զամնձմն՝ որ
թղետաց մեզ զամնագան չարչարանս. և մին
եմն նորա, ով կարե Թունել:

Ասի սկապ լինել առանց Թագաւորի և

O qual bene è mai quello di chi si fa mediatore di pace. Son beati i pacificatori, perchè divengono Figliuoli di Dio. „Beati, dice il Vangelo, i Pacificatori, poichè essi figliuoli di Dio saranno chiamati „ (334). Udiste l'infallibil promessa del Signore a voi fatta? Animatevi dunque, o Trombe (335) del mondo universo, udendo il suono di questa voce. Ascendete, o Evangelisti di Sionne (336), sull'altissimo monte di verità. Esaltate la vostra voce, o fausti annunciatori di Gerusalemme, e non vi risparmiate. Alzatevi, e non abbiate riguardo alle vostre tradizioni (337). Siete annunciatori di pace, di che vergognarvi? Portate la somiglianza (338), e il testimonio di Cristo, dunque non vi arrossite. Paolo il comanda. „ O Timoteo, Egli dice, non ti vergognare della Testimonianza di Gesù Cristo „ (339). E qual altra più vera testimonianza di Cristo, che l'essere della sua Chiesa un vincolo di conciliazione? E qual altra maggior virtù, che imitar Cristo, e ristabilir con la voce quella pace, che Egli stabilì col proprio Sangue? O voi, che siete discepoli degli Appostoli, affrettatevi di calcar le orme appostoliche. Questo tesoro miserabile, e velenoso (340) gittiamo lontani da noi. Egli ci costa troppi travagli. E chi potrebbe indicarne la natura, o dirne il numero?

Da quel tempo cominciammo ad essere

իշխանութե․ յայսմհետե եղաք ատրուկք Հե֊
թանոսաց ուրութեն․ կարգ ձեր 'ի բաց հա֊
տեալ հաղբեւք շարեն յարմատոյն՝ օկաա֊
ոսն սաղարթիւքն լինել․ ժողովուրդք անհ֊
մաաք, եւ առաջնորդք ոգեաք, եւ մանկունք
իշխանք՝ գողակիցք գողոց, եւ եկեղեցիք պան֊
գոքք եւ մաքսատունք օտարաց․ եւ այլ բա֊
դումն՝ զորս դժուարի բամբ թուել, եւ ընդ
անձին ոգորել ։ Սակայն առաջի բժշկացդ ե
միրացդ խայտառակեն․ ոչ թե վերապաա֊
մերկանամ զկերս, այլ որպես զի Հաշբեւք
ձեր առաջ 'ի վամանե լինիցիմ ։

Ով թշուառութեն․ այնքան յաշաղանեքն
գրաւեալ զաւաճնորդական զմիտս, որպես զի
զայսքան իմ զկերս թողեալ առանց ջանի բբ֊
ժշկութե զալբ անգունն քերանով նախա֊
տեմ․ մոռացեալ զերն եբգիծանել զայսոսիկ
որք գերանումք ճանաչին զ չերս գատել ։ Ով
չարաչար կաքրութեն այամեկ․ զոր տգեաքն եւ
անմիտասարգն՝ քուրն եւ կատաբեալ տեսաութե
առ դենեն․ եւ դլսրն որպես բարի աղցաւճեն, եւ
գթիւբն որպես դլուղեղ ։

Եւ զի՞նչ ե այս․ մատնիքբութե չլսա֊
բնք, եւ յայսնեցից ձեզ զՃաճոյկ ստտա֊ն․ ո֊
րով տատապի եկեղեցի քրիստոսնեից ։ Հայ ա

senza Re, e senza Principi; e dopo fummo schiavi sotto il dominio dei gentili. La nostra organizzazione (341), che qual albero fortunato tanto era bella, fu svelta dal maligno spirito fin dalle radici, e cominciò a perdere le sue foglie (342). Noi vedemmo i nostri popoli perdere il senno, i nostri Pastori ignorar la vera dottrina. Avemmo dei Principi giovani, dei Rettori compagni dei ladri. Le nostre Chiese furono cangiate in taverne, o in dogane pei mercatanti forestieri (343). Ma io le molte altre cose, cui potrebbe il mio discorso accennare, tralascio, perchè di me stesso mi vergogno (344). Voi però le mie piaghe (345) le sapete. Che non sieno palesate invano, io bramo mercè l'opera vostra di guarire.

Ma ohimè! la calunnia ha di tal guisa alterata la direzione della mia mente, che io scordandomi delle mie ferite, mi affretto a riprendere gli altri. E non mi ricordo dell'Evangelico rimprovero, per cui il Signore sgrida a colui, che avendo all'occhio una trave, censurava la festuca di un'altro (346). Che cecità ella è mai questa, credere di aver una vista perfetta, e poi seguire il male, come se fosse bene, e battere la strada obbliqua, come se fosse retta (347)?

Ma d'onde ciò nasce? L'ignoto male (348) vi scoprirò io presto; quel male, che tanto travaglia la Chiesa Cristiana. Fece Iddio il

բար ած առ 'ի կերակուրք մարմնոյ , և գինե` առ 'ի յարբուցին նորին․ զայն Հացն և զգինինˋ ան․քո յոյսն մեր` օրՀնեաց և սրբեաց , և իւր մարմին և արիւն անուանեաց , և մեզ փրկու֊ թէ յիշատակ աւանդեաց ․ Վ՛րդ` առաքրութէ ունիմք զայն Հաց միշտ 'ի փառս և 'ի յիշա֊ տակ քոյ օրՀնել․ և մի օրՀնութէ է , և մի անուն քոյ , զոր իւրաքանչիւր ազգ․քա` զանա֊ զան լեզուօք 'ի վերայ նորին անուանեմք ։ Լ՛ե 'ի ներքս անկեալ Թէամութիս , զնոյն Հացն` միանգ և եմք օրՀնեալ անուանմն քոյ , առ֊ նումք յիրերաց , և ունեմք Համարձակ ։ Իսկ յորժամ զ․քոյ անունՆ 'ի վերայ յիշատակեմք , և նորա մարմին զնոյն կատարեմք միով օրՀ֊ նութէ , Հացն 'ի Հոռոմն խորշի Հաղորդել յօրՀնեալ պատարագն , և Հոռոմն 'ի Հայոյն ։ Լ՛ե զՀաց` զոր մի ազօթիք , միով օրՀնու․ք` մի ․քա անուանմ անուանեմք , միոյ Հօլոյ Շնոր֊ Տիւ իւրաքանչիւրքս կատարեցաք , յետ այնո րեկ անգտանեմք զիրերաց ․ Նախ քան զօրՀ֊ Նեն առանց գարշելոյ ունեաք , և յետ քոյ անուանմն օրՀնելոյն` գարշիմք ։ Լ՛ե լեռնա ցեալ լարեայս նիեֆ արարաք զստուերս ան Հաստատ ․ և զոր միութէ քրիստոնեից խորա մեցաք` ՀեԹանոսաց ընդդեմ ցանց արկա նել , զայն միմեանց անչրացեռ ճզեմք ։ Լ՛ե փակեցին գիրք ՛ոք Հարցն ՛ոչ ցուտարա , այլ զմեզ ընդ մեղք ․ զի նոքա յանՀաւատիցն Տրաժարեցուցն զայս խորՀուրդ․ իսկ մեր մի

pane pel nutrimento del corpo, e il vino per
la sua bevanda. Prese Cristo nostra speranza lo stesso pane, e lo stesso vino, lo be-
nedisse, santificollo, e chiamandolo suo Corpo, e Sangue, ce lo lasciò per memoriale
di salute (349). Ora la Chiesa benedice di
continuo (350) questo Pane in onore, ed in
memoria di Cristo; ed è la stessa benedizione, ed il medesimo nome di Cristo, che
ciascheduna Nazione ne' suoi diversi linguag-
gi proferisce. Ma introdotta l' inimicizia, prima della benedizione noi mangiamo bensì il
pane a vicenda gli uni degli altri, ma quando poi pella consacrazione è divenuto Corpo di Cristo, allora l' Armeno non più lo
vuole ricevere dal Greco, nè il Greco dal-
l' Armeno. E fu motivo della serie immensa
dei nostri mali una vuota ombra (351): e quel
Mistero, che la Congregazione dei Cristiani addottrinata facea servire di siepe, che la
separasse dai gentili, quello stesso noi facciamo, che portì divisione tra noi (352). E le
parole dei SS. Padri chiusero nel peccato
non gli stranieri (353), ma noi stessi; poichè
i Padri tennero ai gentili questo Mistero nascosto, e noi avendo nel medesimo la stessa fede, e dedicandogli la medesima orazione, facciamo, che questo Sacramento sia
occasione di sfacciato rimprovero a vicenda
tra noi (354). E non avvertiamo, che la piaga dell'odio torna a noi stessi, e per dire

Հաւատա ունելով առ նոյն, և մի աղջիս սակա, նարբին խորհրդդյ, զնոյնն առ երեսարդ հատեաս տեսից յանդգնու։ Անգխտացեալ թէ յամ ձինս դառնայ մերն և թշասաութիւն։ Մանալանդ թէ զշմարիան աստե, առ քո առ որ և դխտաւորութին է երկուցս խորհրդոց· այս է առելութ պատուղ և սորբն Հեաոքողքն։

Մրքա մանկունք դատերն բաբելացող, զորա զքարե Հարկանել թախանձմ· արդ ապանցուք զլադուգն ծնեալս, և սկացուք այսոր երկնել զոր քո արկ սերին յարգանդ մեստաց մերոց· զժսծ սերն, զանչափ գութն, զդնելն զանձինս ի վերայ երկրաց։

Արդ՝ եթէ ոչ զանձն, զեթ զկամն· ժէք քան զխադադութին քարե ի կեանս մեր, թէ ախորժեմք· ոչ այն` զոր աշխարՀա տայ, այլ այս` զոր քո եթեյեկից· Մե այսրիկ և ա ամնդեցաւ յեկեղեցի Հանապազ զնոյն ագեր ակել· Մ՚ողցող է առ ածծ խադադութե առ եզխարն խադադութե· ժէք Հնար ունեք քո ած առնել խադադութ, մինչ ելա առ մար դիկ զնոյն ուղդեցե։ Մրդ՝ զի կարոտ եմք ա ժենեքեան առ ած խադադութե, Հրեն արկ ցուք նմին դառ եզխարն միաքանութ· աղա չեցաք վան խադադութե զած և անայեմք արդ պարգեև, ամիտիֆեցուք։ Հատատել

più veramente, a Cristo, cui è indirizzata l'intenzione del Sacrifizio da ambe le parti (355). Eccovi il frutto dell'odio, e le di lui conseguenze.

Questi sono i fanciulli della Figlia di Babilonia (356), che io vi prego con istanza di schiacciare incontro la pietra. Uccidiamo quelli, che sono nati per l'addietro, e cominciamo oggi a far, che germogli quel seme, che Cristo seminò nel campo delle nostre menti; cioè una grande Carità, un'immensa misericordia, e la determinazione di dare le nostre anime pei nostri Fratelli. Sacrifichiamo dunque, se non l'anima, almeno la volontà. In tutta la nostra vita nessuna cosa è meglio della pace, se la vogliamo; non già di quella, che dà il mondo, ma di quella, che Cristo ci portò dal Cielo. Egli è per questo, che la Chiesa con incessante preghiera la dimanda. La fraterna pace qui in terra è un germoglio di quella pace, che speriamo nel Cielo. Nessuno però può aver pace con Dio, se prima non l'abbia cogli Uomini. Ma noi tutti abbiamo bisogno di questa pace divina, dunque gittiamo a fondamento di questa la concordia fraterna. Per aver la pace di Lui abbiamo pregato Iddio, e lo preghiamo sempre. Egli

դեկեղեցւք եւք նք` ՛ի ՛ման ինգրեցաք․ այտ..
Հեունև կամեյար կատարել գնդցեն․ եւ յօմք ՛ի
թեաման աւետարանական Հաւատոյ, Հարցօւք
փայտա անխիւտա, և եւգաւգա սմին կաուա_
ցաւք։ ,, Լ՛յսնա աւե ՛ըր ամԺնակալ, ՀաԺԳ
ցայց դուկաւ, և փառաւորեցայց ՛ի ԳեԳ։ Ս՛ինր
աանբգե, թե ոչ է Ժամանակ ամիոփիել[ոյ ըգ_
քակեւալ քարքնա ՛ման ժանն, և դարԳաւ ըգ_
նոյն չ[նել. մի եւ[թե Գ[Գ միայն ինգ բնակել
՛ի տունա գմբեթեայ։ և տունա իմ աւերակ
կայ, աւե տեր ,,․ Հեանև[ն, թե որպես մար_
գարեա օրանՉԳ ՛ի գինմա այ։ Լ՛ յ աբգ գի՛նդ․
պարգ տեւանեա գասագեւլա, և ոչ խորՀԳ
գաբառգ և Հոգեւլեա։ Ս՛ըր աւպա յայմԺամ դի
ցաւք գետայեալ աաեն․ ,, Լ՛բկ[նք աՌո իմ
են, և երկիրա պատրւանդան ոաիգ ՛մoG․ և
եւ յo Հաննգեայց, բայց թե ՛ի Հոգիա մարգ_
կան Հոգեւլեա,․ Լ՛ որ` գաւերբեալ գայա տունա
իւր ՛ի խոռմուԹԳ` չ[նել ԹախանԳ մարգա
բելւա․,, Լ՛ յսնա աւե ՛ըր․ կարգեցԵք գս[րա
Գեբ ՛ի ՀաննապարՍա իմ․ գի մ[նg[ե ցայտԺ մա
ը[եք բագում, և ԺողովԵք սակաւ․ ւ[ն[ք,
և ոչ յագեԵք․ ըմկ[ք, և ոչ լ[ն[ք յագ[ւրգ.
գգ[ն[ք, և ոչ Ջեան[ք ն[բք․ և որ ըգ_
վարԳա իւր Ժողովէբ, ՛ի Գբաբա Ճակ[ատեալ[
Ժողովէբ։ Ի[ս այաւՀեան ոգոմ[ւ[թ[և
գ[Թ[թ[խաոեցայց ընգ ԳեԳ, աւե ՛ըր․ և ե
Ձ[ե[յայսմՀ[ն[Ե լ[ւայց եա երկ[ից, և եր_
կ[ն[ք լ[ւ[ցեն երկ[ի, և երկ[ր լ[ւ[ցե ցորե-

ve la esibisce, dunque accettiamola. Abbiamo domandato al Signore di stabilir la sua
Chiesa (357). Egli vuol farci questo dono,
dunque ascendiamo il monte della Evangelica Fede, e con legni incorruttibili facciamo a questa Chiesa sostegno. » Mi com-
piacerò, dice il Signore Onnipotente, di essa, ed in essa sarò glorificato; nè vi dica
alcuno, non esser questo il tempo di radu-
nare le pietre disperse della Casa di Dio,
e di edificarla di bel nuovo. Forse vi piace abitare soltanto nelle case soffittate? Intanto la mia Casa rimane deserta, dice il
Signore » (358). Vedi come si lagna il Profeta per parte di Dio? e come ci dice tutto chiaramente senza mistero, ed allegoria?
Ma dove lasciam noi il discorso d'Isaia:
„ Il Cielo è il mio Trono, e la terra lo
scabello de' miei piedi; ed io dove riposo-
rò, se non spiritualmente nelle Anime degli
uomini „ (359)? Ora con istanza ci dimanda
colla voce di questo suo Profeta (360), che
Gli rifacciam la sua Casa rovinata dalle nostre dissensioni. „ Così dice il Signore: Di-
sponete i vostri cuori per camminare sulle
mie strade, perchè fino ad ora seminaste
molto, e fu scarsa la raccolta; mangiaste,
e non diveniste satolli; beveste, e avete ancora sete. Vi copriste di abiti, che non vi
riscaldarono. Volevate mercedi, e le pone-
ste in sacchi traforati (361). Ma quindi in-

հայ եւ գիտայ եւ ճիշթոյ , եւ ճարքա լուիցեն ժա
գամգգեռանց թել ,, ։

Հա ճեղեյէն ծայթաք աւեռեաց յականջս
ձեր․ այաւճեստե գարթթք , եւ սկնդգա արա
քէթ շնեբ զեկեղեցի աղ կենդանոյ։ Յոք ՚ի
ձեռս ճաղտաբապեւոզ այղղբիկ իմասառս ,
աղ ղակեղզեն զոբոյ ճնագանղութ , աղ
գաբծաթեղեն ճամակաղութ , այլք թագղե
բանգ քաբբեա սեբոյ , ճամաղոււց լբնե՛լ մրաւ
խոբճուբղ ։ Ալ են բատ գբգռութ , մի են
բատ մնապաբծութ․ այլ գմրմանա լալ ճա
մաբել առաւել քաե գամնիես․ յաղքել, եւ
ոչ յաղթել․ գբկել, եւ ոչ գբկել․ գե են ս
բեւեացս եւ մբաբանութ եւ ոչ բեգ թշա
մբաց ճակաւակութ ։ Աոյ առագաւ գբե առ
ռաբեալ ․,, Ազգե ոչ գոք գբկեք․ եւ ոչ գոք
առաւել եեղք ,, ։ Աբղ պողոս ճաւանիմք
գբկելոււս եւ խմաբթելուս գնեբն ճառառել,
եւ ոչ ումեղեռ մաբղոյ ։

Մաբտ ձեբ ճառաբակաց՝ լեզե առ ճառա
բակաց ձեբ թշնամին սառանայ․ իսկ առ եղ
քաբա՝ ճանղաբաք ուաք լբնեն ճանապագ․
մանաւանգ գե եւ եա բագոււմ անգամ ՚ի բա

nanzi io vi parlerò con misericordia, e clemenza, dice il Signore; e quindi innanzi io ascolterò il Cielo, ed il Cielo ascolterà la terra, e la terra ascolterà il frumento, il vino, e l'olio, ed eglino ascolteranno il mio Popolo (362).

Ecco che le voci de'fausti annuncii (363) suonarono al vostro orecchio. Ora alzatevi, e cominciate a fabbricar la Chiesa di Dio vivente. Ponete pure nelle mani di questo peritissimo Architetto (364) chi l'aurea sommissione del cuore, chi l'argenteo consenso della volontà, e chi le pietre variopinte della carità. Siate concordi ed unanimi, non vogliate operare per istigazione (365), o per vana ostentazione; ma stimate gli altri migliori di voi stessi. Bramate piuttosto d'esser vinti, che di vincere, di soffrire ingiuria piuttosto che di farla. Noi abbiamo che fare con amici, non già siamo in guerra cogl'inimici. Per il che scrive l'Appostolo: „Perchè non private voi stessi, e non piuttosto voi stessi opprimete „ (366)? Pertanto noi ubbidiamo a S. Paolo, e non a qualunque vile uomo, quando ci accordiamo colle nostre privazioni ed umiliazioni nello stabilire la carità.

Si dichiari guerra comune al demonio nemico di tutti, e siamo mansueti verso i nostri Fratelli. Il nemico resta vinto dalla umiltà. Se dunque questa virtù distrugge la ra-

ՆարհաւթիՒն պատկառէ . եթէ գարշատ զա֊
րին սա յայթահարէ , քանի՞ առաւել զքմ֊
ուծանացւն 'ի հոմունն զմիտս մեր ընաաձէ .

Մ'ի ինչ մարմնական 'ի հոգեոր գործս
խառնեսցուք , մի յաշաղանք . մի լիցուք
զուկ դատաւորք , որք անսատան ենք մատ֊
նեալ ատենի . Լուկէն չափունն՝ որով մեզ ատտ
չափեմք , չափեոց է մեզ անդանոր անսուտ
դատաւորն . Լթէ սիրեմք , և զայն չափեմք .
'ի սեր մայելեմք . եթէ ոխա և ատելութի ,
զկշիռն ընդունիմք .

Լրկեցուցանէ և զիս առակաոր քանն՝ որ
յաղագա ծառայիցն . ինքն 'ի նունէն բազում
ընկալաւ , և առ ծառայակցին տկարումն ենե֊
բեց ոչ կամեր . Լշեաւ՝ ասէ , խեղդեր զնա ,
և նա գերկայանմնուն աղերսեր . իսկ զի ոչ կա
մեցաւ՝ պատմեցաւ . Լոյնպէս՝ ասէ , արասցէ
և ձեզ Հայրն իմ երկնաոր , եթէ ոչ թողու֊
ցուք իրբաքանչիւր եղբարց ձերոց 'ի սրտից
ձերոց զյանցանս նե . Մկ զարհուրելի վճ֊
ռիռս . քանի՞ն ենէ 'ի ներքոյ այամ դատա֊
պարտութեանս . որք յանցանա ոչ ունիմք առ
մեզ զեղբարցն 'ի ձեռս , և 'ի կարծիս զնոսա
դատապարտեմք . Չենէք մեզ այ նախանձար֊
կու կմ վրեժ ինդիր . Մ'ի է դատաւոր՝ ասէ

dice del male [367], quanto più vincerà gli animi nostri, quando saranno in possesso di lei?

Le opere della carne non si confondano colle opere dello Spirito. Si allontani la calunnia. Non vogliamo temerariamente giudicare, ricordandoci d'essere di già citati all'inesorabile giustissimo tribunale di Dio. Con quella misura, con cui qui misuriamo gli altri, saremo là dal Giudice infallibile misurati noi stessi [368]. Se amiamo gli altri, e questa sarà la nostra misura [369], ritrovaremo carità; ma se la nostra misura sarà odio, e vendetta, anche là odio, e vendetta ritrovaremo.

Mi fa paura anche la parabola dei Servitori. Ad uno di questi rimise il suo padrone moltissimi debiti, e poi costui così favorito, non voleva aver compassione della povertà del suo compagno. „Uscito fuori, dice l'Evangelista, stava per istrangolare il suo Conservo, che istantemente gli dimandava una dilazione; ma egli non volle aver pazienza, e però fu castigato. In questa guisa, dice il Signore, dal mio Celeste Padre sarà fatto anche con voi, se ciascheduno a suoi Fratelli non perdonerà di cuore i loro delitti „ [370]. Sentenza terribile! Ahimè ch'essa è scagliata contro di noi! Sì, contro di noi, i quali non avendo prova del delitto de' nostri Fratelli, li condanniamo per solo

յախողլղոս ստապետալ , Տորայ ն ամՆեներան
ամՆԽոգո.ք ատՆնն. , , ։

Ցոնք և ատաՆդու ՆԷ 'ի սիրոյ յատաղ եկնաւ
Տատատեցան , և ո՞ Թէ սերն 'ի տԾնից . ան
վայելու՞ս է ապա զկաւնորոյ եղԵ ն սրքա՛ եղ
Ծանել , առ զոստՆ ՏատատուՆ պաՆելո՛ն
պատՄառաւ ։ Բանզի զԵ զնման 'ի վերայ ներ
վիրկսին ՀայրՍաց , սուան նշանակԵ զոՀույԹՆ
Ղ , և մե ումն սրբարար , ածնք սերունն
կանք , և որ 'ի սոսա յայսմարին ։ Աեղ՛ զԵՆ
կարԾԽք վայելուն ։'ի ենեԹոց ենեԹ , և 'ի ժա
ման ակԵ ժամանակ՛ զսոսա փոխԵլ , եԹէ զղ
նղԵ յամարու Թէ պաՆելով՛ զնատղոՆԹ
թաառաուԹԵ եկնեցեցոյ քՆ լուԾանԵլ ։ Ան Ն
քԵս ո՞ն զոտերունական կամն ասորԾԵ առ
Հաւ որԾնատ . որ զշապաՆ ոասՀմանեալ , վան
տեղզոՆ ՏանգատանՆ իրաւունս վարկաւ յա
Ծանել 'ի պե տա ենրԵն ատՆզջուԹԵ ։ Արե Ե
'ի Հրէականն ենք առ ատապե լաթանուԹ կոր
Ծանեալք ։ Օ զ՛յ2 լեցուք Եղլարք ։ մ՞ի զդ
ղ և զՄեղ Րանն կոշից կեղԾաւորս և քակ
ոլ՞ցա օրՆացն ա՞լ 'ի պե տա զՄերն Տատատաե
լղ ատանդուԹն ։ Բաց Ե և առ մեող սրն 'ի
մեՉ ած զն զեատայեալ յանզիՄանուՆ ։ ,, կեղ
Ծաորք՛աՆ , բարիոք Մարգարեացաւ 'ի վերա
Ճեր եսաղ , և ատ Ե ժողղուրղդ այս շրԹամԵ
պատուե զիս , և սիրառ ենրնանց Հեռացեան

sospetto, A noi non appartiene l'essere i
vindici delle offese di Dio. „ Uno solo è il
Giudice, dice S. Giacomo Appostolo, e tutti siamo citati al tribunale di Lui „ (371).

Le feste, e le tradizioni (372) nacquero dalla carità (373), e non già la carità dalle feste. È cosa inconveniente dunque per con-
servar immutabilmente queste, distrugger
quella, per cui queste son fatte. La materia
dei Sacramenti, la Santissima Eucaristia, il
Crisma Santificante, le Feste Dominicali, ed
altre simili istituzioni sono segni della effusione sopra di noi delle grazie del Salvatore. Che credete voi più conveniente? Mu-
tar la materia (accidentale), alterar il tempo, oppure per niente cambiare, rompere
la pace della Chiesa di Cristo? Non vi piacerà piuttosto prendere per esemplare la volontà del Signore, la quale istituendo il Sab-
bato a riposo dell'uomo, giudicò poi giusta cosa l'impiegarsi in quel dì per guarire
l'uomo stesso (374)? Siamo noi caduti nelle
Giudaiche superstizioni (375)? Guardiamoci
bene, o Fratelli, da non operare così, che
il Divin Verbo a dir non abbia anche di
noi, che siamo ipocriti, e che per tenerci
fermi alle nostre tradizioni siamo distruttori
della legge Divina. Anche a noi verrà ad-
dossato il rimprovero d'Isaia. „ Ipocriti,
dice il Signore, ottimamente profetizzò Isaia
di voi, allorchè scrisse: Questo popolo mi

մե կուսե եւ զինեն. առաջականեն վարդապետ
առ թեա զնանգական պատառիկեացս։ Շարժեալ
ասե, զպատուիրանն այ՝ զձեզս կառնե Հաս
տատել զաւանդութիւ ,,ւ

Եւ զինչ է պատուիրանն այ, ասացեք սե՞
զորմով զանց առնելեք ձերով աւանդութիւ։
Սին կ'ըսաց՝ որ առ միեանեան. զի զայ առաջ
քո, թե ,,Պատուիրեան Տար ասաե ձեր ,, . եւ
այաա զձեզ իբր աշակերաս ճանաչել եւ աա
բացցս. զոր թողուս 'ի այեաա աւանդութց ոց
նեզ յորե 'է յոր փոփեւ զայ. զորս ոչ ընկալայք է
ինե որենք, այլ մեք վասն ձեա սիրեւլին աս
ծանեցաք. որ թենա է զեղեցիկ, բայց եւ ոչ
յամաում, յորժամ զմեծ որենա՝ փոքրա աապա
եալ բակեւ։ ,,Ով իէ ՞ յ՝ աս աղաբեան
ապոսա, ոչ այ ինչ ձայգ մաքի Հառաաա, սի
բոֆ, բաբցեւալ էւ

Ով՞ս ասա ոչ ապայկին ապոսա։ ապա
ուբեւն ոչ ժամնաակ ասեց, եւ ոչ եբ թեւ
խոսեց, ոչ խառութիւնս կեբակցց։ Իս
ոչ եբեւե՝ ասե. վասն զի թե Հաաաո ե ոֆ
բոֆթբրաբանեւքեզ դաարթին, որպես եւ լե
նեւն՝ եւ յորոց ՞եեթո եւ լցեն, Համլ ես
այ. իբի ապա եֆե, յայացանե կաուարողս՞ն
վեքոֆն, զինե եւ զործեն 'ի նանիր դանաա

onora colle labra, ma i loro cuori sono lontani da me; insegnano dottrine, che sono dettate dagli uomini. E voi trascurando i Divini precetti, volete stabilire le vostre tradizioni „ .

Ma quale è il precetto di Dio, dirà qualcheduno, che noi trascuriamo per conservare la nostra tradizione? E quello della carità, o Fratello, che ci dobbiamo a vicenda. Cristo ha detto: „ Vi do un nuovo comandamento „ [176] e con questo ci diede un indizio onde conoscere i suoi discepoli. Questa carità noi trascuriamo pel trasporto da un giorno all'altro di quelle Feste, che Dio non ci diede per legge, ma che noi per amore di Lui abbiamo istituite. Il che sebbene sia ottima cosa, pure non lo è allora, quando una legge minore [177] distrugge una maggiore [178]. Giacchè dice l'Appostolo Paolo: „ In Gesù Cristo niente altro vi è, se non la fede prosperata dalla carità „ [179].

Che dici, o divin Paolo? Dunque nè i tempi delle Feste, nè la materia dei Sacramenti [180], nè la distinzione dei cibi, senza carità non sono accetti a Dio? Nò, nò dice [181]: Piacciono a Dio solamente, quando sono uniti alla fede ed alla carità, in qualunque modo si facciano, e di qualsivoglia materia. Ma quando gli esecutori mancano e di questa e di quella, qualunque co-

չեռաւ գնեռաւ՝ ոչ թէ 'ի տարբին հայն, կաճ 'ի
նքեւթէս՝ աննեւեթս բսառթէ, այլ 'ի Տորեն եւ
'ի ծեռս՝ դրով տարբն ընծայն ։

Ա Տայ յորդ է տապա, թէ ոչ բատ օրում
սեռս խարչեւք՝ խմորուեւ Տայն ապատ եռսաթ
է 'ի քո, եւ ոչ որպէս նեռս՝ բադարձն ծռոււ
յութէ. ոչ ջուքն եւ՝ խարՏռով սռուեւեւ
թէ, եւ ոչ անջոււ՝ ծուազու թէ։ 'Ի եֆն՝ նոր
ււխտին սռեւ ն ծշսնս ։ Աչ 'ի ճեւս սսմն
տռե ն մրայն Տսմ, եւ ոչ 'ի ճեւն այլ ս_
ռսզեւ ։ Ա սս թէ ոչ Թորեսլ զսմեւսն
խն, եւ զոր վսս սսր 'ի զրոց բսզմսպստեբ
զ քսյութե ն՝ եղ եւ զեւս ե իրես ըննեսզոււք ։
Ա սխեֆն՝ զե յսմեւսս սմ ըրզսնս տսռող
յսռս խսռսզես ՝ զեււբսզսնֆեւն 'ի ռ
եֆզն յորե յո ււոֆոֆե ։ եւ որ յսսն սսե զր
ծեֆեզեսս, 'ի ճես այն՝ ոչ Տսսֆս ֆեեֆ
որ ծեֆեզեսս, այլ յսռս ֆոֆխ որ ըսո ոֆ ։
եւ ոչ է Տսսր յոր եսս 'ի ժսմսս ծեւֆեսսն
քս ֆսոֆն եստսռեզ, որպս եո եսրծեֆ ււսս ,
'ի Տոււսս եւ 'ի ֆոֆոֆս ժսմսսււես՝ որ
զսմեւսն տս յորե յոր ֆրֆես խսռււսզու
զս ն ։ Լս եւ զ ֆե ծ զֆեսզ ործ սսս ս ոֆ
մրս ն յորե յո , այլ յսմս յսմ ս . բս զ
յոռսմ Տս ս ս ս զ ս ն ս ս ս , ոֆ
եֆ ե խսռ ո ֆ Թ Թ ե ֆ Տ ս ս տ ե ֆ եֆ ս զ ։
Ա յ ս եֆ ււֆ ֆ ֆ ե եւ ծ ս ե ս ն ո ֆ , ե ֆ ֆ
'ի Տ ս ս տ ս ֆ ո ֆ Թ ե ֆ ֆ զ ս ո , խ ս ս ս ֆ ֆ ս ս ։

si facciano, essi vaneggiano; perchè essendo il Signore una immateriale sostanza, non guarda all'elemento, o alla materia, ma allo Spirito e alla Carità, con cui l'elemento si offre.

Così dunque è manifesto, che non, come pensiamo noi [382], il pane fermentato sia comunione in Cristo, o come dicono quelli [383], l'azimo una privazione di vita. Così si sa, che l'acqua [384] non è un'aggiunta al Sacramento, o la mancanza di essa [385] un difetto; essendo già il vino un segno del Sangue del nuovo Testamento [386]. Così pure si viene a conoscere, che il far una festa in questo mese piuttosto che in un altro, non è di per se cosa, che debba meritare l'aggradimento, o lo sdegno di Dio. Che se noi credi, lasciando le molteplici testimonianze della Scritture, e le altre cose tutte, che potrebbero dirsi a questo proposito, vieni, ed insieme esaminiamo la natura della cosa [387]. Vedi che in ciaschedun anno, il suo corso avvanzandosi, passano le Feste [388] da un giorno all'altro. Cosicchè il dì, che in quest'anno ricorda la Nascita del Signore, nell'anno seguente è mutato: checchè dicano alcuni [389]. Così dunque la solenne, e salutifera Pasqua non solamente passa da un giorno all'altro, ma anche da uno ad un altro mese [390]. Eppure riguardo alla Pasqua, se nel celebrarla ci accordiamo, nessuno sospetta della fede degli altri.

Ո՛ ի՜նչ պարտ է եւ զզրկողն քանի 'ի մէջ առ
եւս առաջի ինապանոյ. մեզ 'ի կրատ
թէ. զի աձապանին այլ զ_ԵL խորՀուրդս եւ ա
լուրս նոցին ցուցանէ. եւ մերն եւիրէ՛. զամե
նեան յորսա՛ արիրդենին ամպ
ծնեալ. եւ ապրկդ 'ի ___կանա ՝ նո սպ
զավկ արուսեան առ. ծագեա_ եւ այլ ___ զին
զումէ, որ սոյա Համանայ:

... իս_ ս ___ ___
___ ___ ___ ___ ___
___ ___ ___ ___

___ 'իս_ զզ___, որող ___ս Համնյ_____
գա ___ս_եցին. եւ ___ այլ ինչ զե___ ___
առ___ին, բայց մ___ն Ձուբ 'ի ___ն ___
թիւն այլ ___ ___ զ___ա ___ ___
___ ___ եւս սկեզա_ _ե ___
___ Ձուբ է ___ եւ ցուցա_, ___ գարձեա_
___ նե_ ___ գո_ծէ 'ի ___ս ապա___
_ ___ ___ ___ ___ ___
___ գ_ Հ___ ___ ___, ___ ___
_____ ___ ___: Քանգ_ ___
___ 'ի ___ ___ ___ 'ի Հ_
___ , 'ի ___, 'ի ___է, եւ 'ի Հ___. եւ _ի ___
___ գ___, Հ___ ___ ___
___ ___ ___ ___. յ___ ___ ___
Ձուբ ն:

___ ___ ___ ___ ոչ ___ ___
___ ___ ___ ___, ___ ___
___ ___ ___ ___: [___] ___

Così doveva celebrarsi ancora il giorno di
Natale, se volessimo osservare la uniformità
col restante della Chiesa: A che sarà necessario citare adesso avanti la vostra sapienza le parole dei Santi che ci sono di rimprovero? Imperciocchè il Teologo [391] indi-
ca varii misterii, e ne assegna i giorni; e
S. Efrem [392] dice, che Gesù Cristo è nato
in quel mese, in cui il Sole retrocede; e
Proclo [393] stabilisce, che S. Stefano è spun-
tato col Sole qual Lucifero; e molti altri
vanno con questi d'accordo [394].

Altri [395] ebbero il pensiero di esaminare
anche il Vino, e definirono non esser altro
la sua natura, se non che acqua cambiata
per mezzo della vite in altra qualità di liquore. Se dunque il principio della sostanza del vino è acqua, come si è dimostrato
[396], perchè volete voi, che tornandosi ad
unire l'acqua col vino, lo corrompa [397]? E
perchè gli elementi sono omogenii [398], come mai non meschiandosi tra di loro si cre-
dera, che questo sia un difetto [399]? Ogni
materia è composta di quattro elementi, cioè
di terra, di acqua, di aria, e di fuoco.
L'acqua dunque essendo uno di questi elementi, necessariamente è col vino unita, e
quindi non ne guasta la purezza.

Noi parimente non dispregiamo il pane
fermentato [400], come se fosse una cosa corrotta; nè crediamo, che l'azzimo sia una co-

se morta. Ora, se noi non facciamo differenza per conto di stima riguardo a queste
due maniere di fare il pane, vorrà Egli Iddio questi pani rigettare, che sono cose da
Lui create, come se fossero immonde? Anzi
e non lo sai, che tanto il fermentato, quanto l'azzimo, sono corruttibili [401], essendo una
materia sensibile? Ogni sostanza infatti, ch'è
corpo, è soggetta a corruzione; e in quanto corpo, è morto, non avendo anima viva.
Così il pane tanto azzimo, quanto fermentato, è inanimato; e uno non è più dell'altro,
perchè tutti due sono pane. E quello che
abbiamo detto, dal nostro intelletto stesso [402]
deve essere conosciuto. Dunque è materia
corruttibile, sia il pane fermentato, o azzimo. Pure offrendo a Dio qualunque di quelli come memoriale del Corpo di Cristo,
qualora sia consecrato dalle preci, crediamo,
che pella operazione dello Spirito Santo questa corruttibile materia divenga per noi un
cibo d'incorruttibile Mistero, e vivificarsi la
morta materia [403] pell'unione dello Spirito
vivificante [404]. Che se noi fossimo ancora
come i Giudei, i quali guardano solamente
il corpo ed il segno materiale, tanto e tanto vi sarebbe luogo di distinguere queste cose [405]. Ma essendo noi superiori a tutto
ciò, e mentre tutti i corporei segni dei nostri inanimati elementi si vivificano dallo Spirito Santo, come possiamo sospettare, che

թէ յամենայն ետե յմացդեալ ոչ է Հոգին Հաս...
տմին և առօջեիք բուն ևմա միացեալ իռակ
յորժամ սոյնա գրգէ մարմնոյ ետեշտոյն, և
գՀոգին կենդանի ՚ի նմա տպաւորէ, և իմնա
դականսակես խառնէ յորձ և իգէ եներ ... ,
կատարեալ մնէ ՚ի ետո:

Ըռ այս առցես ինձ և դետար... մէ ոչ ՚ի
ետեշոյն անուշ ... Հռաեալ, այլ ՚ի Հոգ ...ին սրբ
բայ զաՀանայական առօջեիք իմմաՆ անու
շ... Հռու թիւ լցեալ: ՈւերեՆ արգարան... ՚ե
բանա իւր առաբեալ, թէ ,, ՚ի քո յօ ոչ այլ ... ,
բայա մեայն Հաւատա սիրով յաղոթեալ: Որ ՚ի
սա է որ յաՆկատսար ետեշեն գՀոգին խառն...
Հեգուզանէ. սերն առ ... մէ, որոյ առօջեիք է
պտոււ ... և Հաւատն ե՚ որ գ Հ... ն ... արկա
են..., թէ ... մէ մարգոյ առանշանաց ՚ յիմնա...
բնա ... թ ... ... , ...ն և զգ Հ... ...
բնռու ...

Հաւատամ, թէ որ գ...Հա... և է Հաս՚ յորժամ
առօջեիք ևու ...ե ..., մարմնս է ... ... և է
Ճ ...մարանապես ։ Լ պա թէ ոչ Հաւատար, թէ
անխմոր մնէ, և կամ իբրև գ ... սպանակ

dove è questo Spirito, vi sia mortalità e corruzione? Prendiamo di ciò l'esempio da quello, che avviene in noi uomini. L'uomo si dice distrutto, quando lo spirito è separato dal corpo. Così ancora tutte le cose sacramentali di Cristo, che si fanno da noi, allora sono soggette alla corruzione, e sono imperfette, quando pella nostra fede, e le nostre preghiere non è con loro unito lo Spirito Santo. Ma quando Egli nutre il corpo della materia, e gl'infonde anima vivificante, e spiritualmente lo fomenta; qualunque egli sia, diviene perfetto Sacramento in Cristo.

Lo stesso dicasi della Cresima (406), la quale non prende il suo buon odore dalla materia, ma bensì dalla Sacerdotale orazione, poichè lo Spirito Santo l'asperge di spirituale fragranza. Per il che ha detto l'Appostolo; ,, In Gesù Cristo altro non havvi fuorchè la Fede prosperata dalla carità,, (407). Ella è, la carità cioè verso Dio, il di cui frutto è l'orazione, che fa discendere lo Spirito sopra l'imperfetta materia. E la Fede sì è quella, che pone di tutto ciò il fondamento. Poichè Iddio Natura Intellettuale ode le preghiere dell'uom ragionevole, e accetta, e approva la di lui benedizione (408).

Credilo, che qualunque sia il pane, quando le Sacre parole sono pronunziate, diviene il Corpo di Cristo, e lo è veramente. Che se non lo credi, benchè il pane sia

Հանապիա՞ զի ո՞չ եթէ որՀնութիՒն զառբին
յայլ եւ ո՞թի փոսէ զգալ աւացդ ի ՒեառնուՒ
ՀանանուՒէ, այլ միայն ինմանալի զօրուՒ
ՒՒն ընձեւեաց . եւ իմանալին Հանանէ
Ւնեւանէ. եւ Հանատոյն կաբ է եւ զխմորուն եւ
զառաբժն սբբեայ որՀնուՒէն ընղունել
մարմին էՒ :

Աբա թէ կաբող ես զայս առնել , ՒԷ
զՒԷբ զժ ուաբիս կամ Հականակիս . ո՞չ ապա
քէն զի Հեռ եւ Հաժանձ առեյուՒեւաձ ու
Ւիս առ եզաւմն : Իւ ուբ սռա բնակին , ա
մենայն եբբ զաբ եւ աներագգ է` առե պառ
բեայ : Ող թէ փան զեղբաւբին անգումելոյ,
եւ զնռբա պատաբագէն որ 'ի խմռբեաց Հաջե
տաՒեւ զեղզ պատտապաձն բաբաբ, թէբի ռա
'ի Հանատաջէն, եւ ՒափրակմաՒՒ ձանոայ : Իռբ
ապա թէ պաբՒես զեղզ աւանղուՒ ի փատա
Ւ , եւ բնղունիս զնռբաՒն 'ի ՒռբԷն փատռա,
ապոյ քէն մաբմին ձմաբբբա զ'ի խմռբուՒն որՀ
Ւեռաղ ՀաջէՒն եւ զբատաբՒն` այլ է գունՒեւ
կաբձՒբ : Իւ զայս ետա մեզ մբռն եւ սբբող ի՞ս
բող առաբեւոյն` կատաբԷ խոբՀբզող զՀա
վատան եւ զնեՒն, եւ ո՞չ այլ Ւնէ : Ս աՒն այտ
բԷս ո՞չինէ կաբեւոբ Համան բռ'ձան զբեւ զոբ 'ի
եբեՒ թոյն ընղունեւէ, կամ անաբզբեայ . բան
զի զ'ի'ձԷս ապւատ ետ Հաջաո` զբեւատանմ ունետյայ

azzimo, o bianco come neve, tu niente lo
sumi. Poichè la benedizione non cambia
l'elemento in altra sostanza da conoscersi
cogli occhii, ma in una sostanza da osser-
varsi coll'intelletto: è ciò che è intellettuale, si vede colla fede: ed è per fede egual-
mente possibile, che tanto il fermentato,
quanto l'azzimo, aggiuntavi la benedizione,
divengano il Corpo di Cristo.

E se ciò tu puoi fare con questa persuasione, perchè di mala voglia il soffri, e con-
traddici? Non nasce ciò egli forse, perchè odii
il tuo Fratello con ispirito di contenzione e
d'invidia? Ma dove queste cose si trovano,
tutte sono cattive e disordinate, dice l'Appostolo (400). Imperciocchè se per disprezzo del
Fratello, e della Messa, ch'egli dice in pane
fermentato, tu la celebri in azzimo, manchi
di fede, e sei servo dell'invidia. Se poi tu
conservi la tua tradizione a gloria di Dio, e
a gloria di Dio accetti la tradizione di lui,
credendo, che tanto il fermentato, quanto
l'azzimo, che furono benedetti, divengono
il vero Corpo del medesimo Cristo, questa
tua credenza è lodevole. Il Signore insegnò
a noi, come a suoi SS. Appostoli, che nella
formazione dei Sacramenti ci vogliono sopra
tutto fede e carità; e per questo non ripu-
tarono necessario i medesimi Appostoli di
lasciarci scritto, quale di queste materie si
dovesse accettare o rifiutare. Porchè qual bi-

պաշտօնէութ, էուԹԷ եւեթոջն աննել բնա։
բութէւն։

Բայց տես առ այսոքիկ պ պ, որ ոչ
եքան այս ճռորջէ պաշտապանուԹ ոք Հոգ
սոտն, այլ մինչ ′իեքէջն մարմնաւորք մտայ
էր կ բանակէ կորՀրդոց ընջա′ Թէ զեզող զա
մեկայն եքեթոջն ՀգատուԹ որոտեաց ընջա
ատ օրենօջն։ պ պ պատարագ, եւ այլ
կայ կեղպապաննե յոքիոդ, զամանս միաջն
այդ րորՈԹ աղջակեկել, եւ պպա ոչ աջակ
զիետա մտայն ′ի խորանն, եւ պպա ′ի սեղան
ընկալ․ Բայց մեղ եւ ոչ մի Թել ′ի ապոկն
այլ մտայն Հաստատ եւ սեր սուրբ միտոֆ․ Խած
Թութ ապակ․ մեր եւ ճագա կորՀրգոց ′ի ժո
մտաց ամնատուԹ․ Ո որոքեան′ Թէ ապոյ
ժէ ′ոք զմապ․ զող պ եղոյ պատկել եքեսրա
գրել, զակապես եքանց․ ։ պ եղոյն ′ի կիր մ
ժէ․ եւ ֆապ ուշի իմատեյն զաս ′ի մտա եւ
′ի Հասապ եւ ′ի ձե կեսրաննյ որինել, զի
Հատ եւ զապ պ որպա ապ Թութ
զ գ ինէսրոտ ամեսրո․ ։ Խ մարդ կեն
պ, որ եր Հոգող մարժին, ոչ այոդ
ՀգատուԹ եր ոց կապ․ ′ի Հ
րապ գեր կեսրան․․ այլ թար է
մայ Հ սր ելր․տ․ զ ամ
ման′ զ Հ Հ։ պ, զ ա թ էլ
ամկես յ գ, ո ′ի
մ ա, զ զ ա
սել պ բ թ է ի

sogno avean eglino di scegliere materie, dove era ministra la Vita (410).

Vedi rapporto a ciò Israele, che non aveva questa grazia del ministero dello Spirito Santo, e fissava il segno de' suoi Sacramenti solamente nelle materie corporali; vedi, io dico, come abbia ricevuto da Dio comando e legge (411), che gli prescriveva l'esatta distinzione delle materie, diversità di Sacrifizii, e diversi modi di tagliare a brani le vittime. Altre si dovevano offerire in olocausto, altre in altra maniera; alcune dovevano riceversi nel tabernacolo, alcune allo stesso altare. Niente di ciò è prescritto a noi, ma ci vengono comandate fede, carità, e pura intenzione. Ecco la differenza che passa tra i nostri Sacrifizii, e quelli degli Ebrei. E per darne un esempio: se piaccia ad alcuno dipingere delineando una figura, egli adopera varii colori, e si studia colla perizia della sua arte di farla somigliante al vivo originale, imitandone la statura, e l'età, e la forma del corpo, onde riesca bella e applaudita, e benchè inanimata, sembri vivente. Ma l'uomo che vive, per far conoscere la sua vita, non ha bisogno di questi colori; basta l'anima solamente, che infonde moto alle membra. Così appunto Israele, ancor dominato dal peccato di Adamo, mentre delineava questa inanimata figura, non potendo avere ajutatrice

թանաց դ՚Հոգին այ, այլ կերակրութ և ընծայե
լեռբ և ղեւապես մկրտութիջ՝ մարմնոյ արբա
բութիջն ձանաչին զՀմարտուիմ զծառբել։
Իսկ ապա եկեալ է՛ն բաձանայապետան Հան
ղերձեւ լոց բարբաչս՛ մե ծան և կատարելեան
և անձեռագործ խորանան, այսինջն՛ որ ոչ
են յայոց արարածոցս, անդր եմուտ ինջով
աբեանեն ՚ի սրբութիւն սրբոցն, որ և ծովն
Հայբենկ․ և անտառոր նաութեաց մեզ գաս
վբոբեակական փրկուիին։ Այ վբեկ լոցս ապար
ապս ան․ ՚ի Հորե, և առապբաց դՀոգին այ ․
,,Իադ ձեղ՚ատե, բնակեացն, և ընղ ձեղ եղեցև
յաւիտեան,, ։ Որ ուտեղբաջ Է մեղ, ոչ կա
բոսիմբ այլեայլ եբբաֆոց․ այլ զոր և եղբեմի
Հոգւումն, զոբ ապտկեր և մարմին կերպացու
ցանեմբ։ Այ զի Հոգին է ընղ մեզ՝ ընղ աւեն
նայն քրիստոնեայան, յայն և յանսուտ խոստ
մանեն՛որ ասաց․ ,,Ինղ ձեղ բնակեցից մինչե
յաւիտեան վախձանի աշխարՀիս,, ։

Ա՛բղ՝ ուբ Հոգին է կենղանարար, ձեբ և
եբեբ մարմնական՝ եմա պատ՛նշ պետայա
նան․ և եթե եին կաբեւոբ՝ բնղե ոչ զբե
ցան մեղ ՚իմեռոց որմնագբացն, ապեջ և Հոբ
ական ժողովբբեանն ՚ի մովսեսե։ Այլ եթեՀ
,,զՀոգին մի շիջուցանեբ․, և մի աբտմեղուցա
նեբ զՀոգին ոբ այ,,։ Այս ի՛ վեա աբաեղուց
ցանեն․․ ղատարկաբանոււիին։ Ա՛բղ՝ եթե՚ն

l'opera dello Spirito Santo, s'ingegnò d'esprimere la verità coi cibi, colle libazioni, e con varii battesimi, che niente altro erano, se non che corporali purificazioni (412). Ma venendo poscia Cristo, Pontefice de'beni futuri, per mezzo di un più eccellente, e più perfetto tabernacolo, viene à dire, non di questa fattura, entrò quivi per mezzo del proprio Sangue nel Santuario, ch'è il seno paterno; ed ivi ci proccurò una redenzione eterna (413); e di noi salvati Padrone, e Protettore ricevette dal Padre, e mandò lo Spirito Santo. ,, Con voi, Egli dice, rimarrà, e con voi sarà in eterno ,, (414). Il quale avendo presso di noi, non abbisogniamo di diverse materie; ma, qualunque ella sia, segnando collo Spirito, la riduciamo alla figura, ed al Corpo di Gesù Cristo. E che sia il Divino Spirito con tutti noi Cristiani, egl'è chiarissimo dall'infallibil promessa di colui, che disse: ,, Con voi rimarrà mai sempre fino alla consumazione de'secoli ,,.

Ora, dov'è lo Spirito vivificante, le figure, e materie corporali a che sono esse a Lui necessarie? E se erano necessarie, perchè non ci furono scritte dai nostri Legislatori (415), come da Mosè al popolo Israelitico? Ciò solo ci fu detto: ,, Non estinguiate lo Spirito ,, (416). ,, Non contristate lo Spirito Santo di Dio ,, (417). E non lo contrista forse la cicaleria? Che se così è,

դատապկարտանութէն տրտմի, քանզի՞ն առա
եբել 'ի քամբատելոյն և 'ի նախատելոյն զշիր
խարհուրդն՞ որ 'ի մէջ այլոց անդ՞աց քրիստա
նէից կատակի, զոր անխտիր առնեմք։ Իսկ
յորժամ այսու զնա տրտմեցուցանես, և նա
յանձնելով զաղ՞հանարհանան՞ շիջուցանես,
թեզ զի՞ ոչ օգուտ և անիկենդան նեղութոյն պա
տուֆք կամ ընտրութիոֆք։ Լ՞ ամ՞դ աղիտու
թէս, և արտասուելի մեր թշուառու՞ս ։յոր
թեզաք որգ ոցն խրայտելի չարեզս ։ զի՞ն՞
առբեցք լ՞նեցիքն՞է ՞դ՞աոֆք ։

Սակայն տեսն ում՞նք ։ աշա զայս այսպես
հաւատամք, թայլ տացեն մեզ 'ի մեր՞ս աւան
զութֆ մ՞նալ անտրտում ։ և ինքե՞նք զն՞ե
քեանցն պատեացեն ։ Լ՞ արգարե այսպես ։
և իբրաբ՞նզերթք 'ի ձե՞ս՞ մ՞աց գիտակցու
թ՞ֆ ՞շմարտու՞ֆ բանիգս մկայե ։ Լ՞այզ ու
կայն ՞ն աղեցոցզ զենանատն տ՞ոխտապատոու
ֆֆ՞ն, և զ՞զբ՞ն՞ Հակատակու՞ֆ՞ն։ և թ՞ֆան
մութ՞ֆ Հան՞լես յայոցելա՞ք՞ իբրաբ՞նզեր
ոք դատք՞ոդ՞ն լ՞նել ատորֆ՞ ։ Դարձեալ և
այլ պատմ՞ա ։ զի Հ՞նն և սկեզ՞ն են Հաա
ոոց քրիստո՞նէից և կարզաց, և շ՞ն՞ն յա՞ա
քելոզն և այ՞ր՞ ու՞նն ա՞շ՞ աֆ ատ ուլ ։ և
մ՞ք զօրս ուանլք ։ 'ի ՞ո՞ա՞ն ունֆֆ՞ ։ Ս՞այլ
անա՞ն՞ զա՞ն ի՞սա՞տու՞ֆ, և յ՞տ ատո՞դ՞֞'ի
դ՞զ՞ա՞ տ՞ու՞եա՞լ՞ ծ՞ա՞զֆ՞ն ։ Վ՞ք՞ օ՞ ա՞
մ՞զ ՞աո՞ա՞զ՞ո՞ֆ՞՞ ՞ո՞ա՞ է ս՞ն՞ա՞Հ՞ն, և Հա՞ս
հ՞ո՞ֆ՞ն ա՞ա՞զ՞ա՞լ ։ Հ՞ն՞ո՞ և ս՞ն՞ Հ՞ա՞ա՞ա՞

quanto più non lo contristerà il dispregiare, come noi facciamo, il Sacramento di Cristo, che si fa tra le altre nazioni Cristiane? E così contristandolo, a che giovano gli onori, e le distinzioni delle materie inanimate? O nostra ignoranza, e deplorabil miseria! Superammo i figli d'Israello coi nostri mali (418). Ora, e che sarà di noi o miei Fratelli?

Ma dicono alcuni: questo noi crediamo, ci permettano dunque di stare alla nostra tradizione, ed essi osservino la loro. Questo è ciò ch'è necessario, e mi appello alla coscienza di voi, la quale, son certo, che approverà la verità delle mie parole. Contuttociò l'essere (419) superiori in dignità (420), fece sì, che si minorasse la saggiezza dei discorsi; ed il contrasto diminuì la carità. Nata una gara tra i due partiti, ciaschedun vuol essere il vincitore. V'ha ancora di più (421): sono essi rispetto a noi origine, e principio della Fede Cristiana, e delle Cristiane pratiche: hanno una Sede antica, che riconosce il suo fondamento negli Appostoli. Essi ci diedero ciocchè abbiamo (422); fiorirono innaffiati da Paolo (423); si chiamano fonti della sapienza. La Divina Scrittura, ch'è presso di noi, ella è pro-

քրիստոնէից գաթռռ. Թագաւորութէ նոցա
եառ քօ` ըստ վկայութէ առաքելոյ. յորժամ
նոցա վախճանելի իշխանութիւն դրդուի, քօի
ձռանքենաւոր արքայութիւն տիրէ։ ,,Մ՛ինչեւ
ասէ, քարձցի Հռովմայեցւոց տերութդ, ոչ եւ
կեացէ մարդն անօրէնութ որդին կորստեան,
որ ՛ի նմէ յոէ քօէ սատակեցցի ,,։ Տեսանեմն
թէ արքան վկայէ առաքեալ նախապատուու-
թէն։ Օայս ասելով` ոչ եթէ զմարմնական
իշխանութէն յարգեմ ՛ի մէջ Հոգեւորացս եւ
քօի տերութէն պարծելոյս, այլ ցուցանեմ
իմաստնոց` թէ եւ զմարմնականն աթռռ. ունին
ընդ Հոգեւորին` կամօքն Աս։ Այսպէս այնորիկ եւ
զկարգս եկեղեցւոյ վայելչութէն անփոփոխ, եւ
գթուրոխամօւեսա ՛ի փառս Աս. զի միշտ Հաւանին
ասացելոցն, եթէ ,,երկրորդին` որ նստիցի,
յայտնեցցի, առաջինն լուեացէ ,,։ Իսկ մեք`թէ
արքան անխմասա Թագաւորաց միմչակեցուք,
կամ որպէս յանմիտ իշխանաց տապալեցուն
կարգք եկեղեցւոյ, անդուստ ՛ի սկզբանէ տե-
ղեակ էք ՛ի պատմութեանցն։ Եւ չէ ամօթ
զգրեալսն` առ ՛ի պէսա ուղգութէ, եւ ոչ թէ
նախատանօք` երկրորդել։ Օ ՛ի չժան սատակ`
քրքշյի իրաւունս փարկան ընդ հեռամբ
կարգել, եւ դյաւեա նախախնամող Հոգին
այնպէս անգռունեցին։ Ոյոց անմռատութէ
մռանգամ եւ երկիցս գրեանք աշխարհիս ՛ի
պարսից այլեցան, եկեղեցիք քանդեցան։
Ինձ Թուի ապա, եթէ նախատեղեակութին

priamente di loro, e dai loro Padri a noi tramandata (424). Cristo stabilì a sostegno e colonna della Fede Cristiana il Trono del loro Regno (425), secondo la testimonianza dell'Appostolo. Quando il caduco loro Principato vacilla, il Principato di Cristo domina eternamente. » Non verrà, dice, l'Uomo d'iniquità, il figlio di perdizione, che sarà distrutto dal Signore Gesù Cristo, prima che non finisca il dominio dei Romani ». Vedi tu dunque, quanta testimonianza faccia l'Appostolo della loro dignità? Ciò dicendo però, non penso alla potenza corporale. Noi siamo spirituali, e ci gloriamo del dominio di Cristo. E d'uopo nonostante, ch'io mostri ai saggi, che quelli, i quali si credono da molti essere nostri avversarii, unitamente al Trono temporale hanno anche lo spirituale, giacchè Dio così ha voluto. Perciò, e mantengono il decoro delle costituzioni Ecclesiastiche invariabilmente, e fanno opportuni cambiamenti per la gloria di Dio; attesochè non si dimenticano di quelle parole: „ Se fu fatta la rivelazione al secondo, che siede, tacciasi il primo „ (426). Noi all'incontro, lo sapete voi dalle Storie, fin dal principio c'imbattemmo in alcuni Re non provvidi; e Principi non intelligenti posero sossopra, e distrussero le nostre Ecclesiastiche costituzioni. Non mi vergogno di ripeterlo, non già a rimprovero, ma a no-

նոցա , և աթոռոյն անՀարժուԹԷ՛ վկայե ա
Համզ ուԹեն, Հշմարտ ուԹԷ :

Արդ՝ յառաջի եղեալ գլխոց՝ զորս ախոր
ժեմք , և կարոդ եմք թառնալ , ընկացուք
սիրով իրբր զնախաՀարցն որԷնս , և ոչ որպես
զստաւրաց . Հեզ ուԹԷ , և ոչ դժ ուարուԹԷ . ՛ի
փառս ՛ոյ Հառատացեալ՝ և ոչ յանարգանս :
ՈչԷ մարգարեից , լուայց՝ զի մարգարեից
Հնազանգին . և ոչ Է ած խոռ ուԹԷ , այլ
խաղաղ ուԹԷ . ապա ուրեՆ աՆնային ինչ որ
զխառ ալ ուԹԷ ՆԹԷ՝ և Նմ ՀաձԷլ : Ոչ
և ապտ աբղ բ ամիս և զպս ստ Լ . յեզ ուցունց
զղրգ ուեալ եկեղեցի ժեր ՛ի զ ալ աց ամն եբ
կաԹ . ստ ացունք զոր ամից Ն զեբրուԹԷ ժերայ
զնապ ատ ակԿ աշխարՀի . Տառստս անբ Ս՝ Հ ալ ս
տ ամբ , զ ի ժեժ ի Թ ամ ՛ի շ ատ ժ ո ր ա ձ ն ա ծ ն ս ա բ բ ո ւ
ՆԵ , և տար բ ե ր ուԹ ե ն ս ՛ի Հ ս ս ա Հ ս ն ղ խ ս տ ն
ս ն ս ս տ ո ց ց : Յեզ ո ւ ք ՝ Թ ե Հ ս տ ո ւ ս ծ ե ս ն ՛ ի
ժ Է ն ձ ս ղ զ ժ ր ս ց ՛ ի Ն ս ս ս յ ե յ ե ս լ , ո ՞ ր բ ս ն օ ր բ ս
տ ո ր Է ՛ ի ք ն ս պ ս յ ձ ս տ ս ն ս մ ն . ս ի ր ե ՝ զ ս ն ն ս ս ն ս
 զ ս ն և ժ ե ք զ Ն ս յ ն խ ո կ ս ց ս ւ ք : Ո չ ս ս ն ս մ ն ի ս բ ս
կ ս ն ս տ ս լ մ ս ս ն ի ո ՛ ս պ ճ ո ղ ի . ժ ի ո ք զ ս ս յ ս ս ս

stra emendazione. E qui sovvengavi di S. Isacco (427), cui posposero ad un Perchiso, conculcando in tal guisa un Pastore così benemerito. Essi furon cagione, che per ben due volte i Persiani abbrucciassero i libri del nostro Regno, e distruggessero le nostre Chiese. A me dunque sembra, che l'antica Dottrina dei Greci, e la fermezza del loro Trono facciano fede alla verità delle loro Tradizioni (428).

Approviamo dunque dei proposti Articoli loro (429) quei, che più ci sono adattati, e che possiamo portare; non come un arbitrio di straniera forza, ma come leggi di Padri antichi. Riceviamoli con tutta la mansuetudine, e senza sdegno; essendo certi, che ciò ritorna a gloria di Dio. Gli Spiriti dei Profeti ai Profeti ubbidiscono, come voi udiste (430); e Dio non è un Dio di discordia, ma bensì di pace. Ogni cosa dunque, che seco porta la pace, è a lui cara. Non sarà lontano dal mio discorso il soggiungere, che si appoggi la nostra vacillante Chiesa alla verga di ferro (431); che si chiami in soccorso della nostra cattività la Metropoli (432) del mondo. Crediamo, che la nostra tribulazione sarà alleviata dalla regale (433) munificenza; e che la nostra agitazione avrà riposo in un porto così ben difeso (434). E non vediamo noi la nazione Giorgiana da noi separata, essendo unita con

սոււ ձեքեսզէ . այլ առ ումանց տկարութիւն
Դայելով՝ քեն աշակերտա վարդապետին զա-
համ եմանել, որ զՀոգւոց քժշկութիւն ընդ
մարմնոյն խառնեաց . եւ եւ երկզրումէք վեր-
դուժելոյս՝ եքկզունցն խաղաղութէ Հաստա-
տամ, եւ ջանիւ լլնիմ աւետարանիք :

քՀզեէր այտտպ զպյս խառեալ՝ խալժիէ
եւ խուստփեււք 'ի փմեանց քրխտոմնոայզա ,
որ այլ ազգաց վինւակեզաթ կկնատկեզա : Ա'իս
չե լԵըք անգաւձս լեզուոք զիրետարա խոզ-
տեմք , Թունիքք իմին լցեալ զքեբանմ՝ տյս-
քան լեբկաբ ժամանակս անհնայ զմիմեանս
Հարաք : Ս'իեեցէք Եղբաւբ եւ զայս , Թէ այս
քշամնութիւն օրէնք այ էր՝ քեբինս այսքան արձանացէալ էր Հաստատունն : Ս'այ
ինձ . եւ դմը զայս 'ի նոզանէ տեսանեւք կա
ցեալս Հաստատունն . 'ի վազոց Հեմե սկսա
որւմ մեղաց լերկրի մեր ատոքանալ, եւ ատ-
զառթ օքինացն քոն Թատավեէլ : Սակայն տյս
ոչ եթէ ընդ քաքեացն նուազի , այլ ընդ
չաքեացն օր բատ օքե աճեալ զտրդանայ : Ս-

essi (435), quanto ogni giorno più splende in
Gesù Cristo? Facciam noi pure, sebben tar-
di, lo stesso. Non dico, che si dìa l'anima per solazzo del corpo (436), nessuno interpreti le mie parole così sinistramente; io
discepolo di Cristo ho riguardo alla debolezza di alcuni (437), e proccuro di essere
somigliante al mio Maestro, il quale alla
guarigion delle anime aggiunse anche quella del corpo. Io credo, che essendo sconcertate le due parti, anima e corpo, saranno, se così faremo, tutte due rendute al sano loro stato; e questa pace vi annunzio
con tutto l'impegno.

Perchè noi Cristiani, i quali avemmo la
bella sorte di conversare con altre Nazioni,
ci asteniamo poi dall'unirsi con quei, che
c'immaginiamo nostri avversarii, e con tanta disapprovazione degli altri li fuggiamo?
Fino a quando insulteremo gli altri colla nostra lingua, mandando fuori dalle nostre boc-
che veleno di vipera, e vorremo percuoter-
ci a vicenda senza pietà, e compassione per-
petuamente? Io osservo, che se questa inimicizia fosse una legge divina, ella forse non
sarebbe tanto stabile, e ferma. Qual'è in
fatti tra le leggi divine, che non sia stata
da noi violata (438)? Già da gran tempo la
zizzania del peccato cominciò a lussureggia-
re nella nostra terra, e la pura erba della
legge di Cristo va morendo. Ciò da chi

ընդ մեզ անպա յորոմանցն է , եւ ոչ ՚ի Հշեշարիոտ
տերմանցն ։

Կարծզ է իմաստունեն՝ եւ ՚ի պողոյն զար-
մանն Ճանաչել․ զի պտուղ սրտա է կամքն սա
տանայն՝ Հերն , բամբասանքն , ատելութին ,
զանձն արդարացուցանն են , եւ զայլս խոտել․
եւ այլ որ է սոքօք բերին ։ Ո ՚ի իբրաքանչիւր
ոք ՚ի մենջ փարիսեցի երե ասատանոր․ Հայն
միշտ ապագակէ․ տծ իմ գոՀանամ զքեն՝ որ
չարարեք զես Հոռոմ․ եւ Հոռոմն զնոյն բան
երեկորզէ , թէ՝ որ ոչ արարեք զես Հայ ։ Ա՛զ
տմարդութեն , եւ անմիտ յանդգնութեն․ եւ
չար զկայեք լինել ՚ի թաքոյ արարչեն․ եւ այդ՝
ոչ զնեխթ միանն , այլ զմարդ՝ զոր լատ պատ-
կերն իւր արար ։ Ա ՚նմիտ՝ կամք չար ատանան
ոմանք ՚ի մարզկանէ , եւ ոչ բնութ ազգին է
չար՝ Հոռոմն կամ Հայոն , կամ այլոց սե-
ռից․ զի եւ ՚ի պարսից բազումք ՀաՃոյացան
ՈՆ , եւ ընարեն ։ Արդ՝ քո այնքան կուրացեալ
յատելութէն , մենջ զի ոչ միայն զկարծիս
ազգին , այլ զազգն ողջոյն բամբասես․ եւ ՚ի
նմանէ գոՀութէ Հրաժարես ։ Բայց ո կարէ
զդա ախտի չարութէ թուել․ բանս յերկա
բութէ արտաբղ ելանէ ատՃանի , եւ ախտա

vuole, si può vedere facilmente. Eppure questa inimicizia, anzi che scemarsi in considerazione dei beni, che si vanno perdendo, cresce invece di giorno in giorno, e si aumenta coi mali. Si allontani dunque dal campo la zizzania, e si abbia cura della vera semenza (439).

Può l'uomo saggio anche dal frutto conoscere la radice. Ma i frutti, che vengono da questa inimicizia, non sono essi la contesa, la detrazione, l'odio, la scusa di se medesimo, il disprezzo degli altri, e per dir tutto in poco, la volontà di Satanasso? Ciascheduno di noi è divenuto in questo argomento un Fariseo (440). L'Armeno grida mai sempre: Dio mio vi ringrazio di non avermi fatto Greco. E il Greco dice: Vi ringrazio di non avermi fatto Armeno. Che follìa, che stolta arroganza ella è mai questa? Voi venite così a dire, che l'ottimo Creatore ha fatto malamente non solo la materia, ma ancora l'uomo già creato ad immagine sua. Insensato! E cattivo qualche uomo, ma la natura della Nazione è buona, sia ella Greca, o Armena, od altra. Non piacquero forse a Dio anche molti tra i Persiani? e non ne chiama tutt'ora alla sua Fede? Ora tu sei tanto acciecato dall'odio, che non solo detrai al parere di una nazione; ma anche a tutta la nazione medesima, e con contentezza tu la rinunzi. E

գերկա ՚ի ամանէ ոչ պարտնակի. այլ ՝ եան
դանապան չարութիւն ամձառ ՚ի սահմանի ։

Ի և այս գարձեալ՝ յարբեցելոցս կար-
ծեաց առեյութին, թէ Հարբն զՏերձառա
ծագմն խոռեյցին, յաճէ Հերետիկաս Հրա
ժարեցուցին ։ Առաբեալ առաց, թէ ,, որ ոչ
Հռագանդեացի թղթիս այսմիկ՝ նշանակեա
ցէք, և մի Հաղորդէք ընդ նմա ,, . և այլ թա
գումս ։ Առ որս առացց, թէ գիտեմ և եա
գադ . ընա լեր, մի ստերիւրեր գճմարառ
թին, և բայմն առնռւա ախտի չառագով.
այլ ուղի՛ղ տեսցուք, և դաւօթի Հարգուք ։
Միպես առաբեալ, և մրբն դայս գրեցին . գի
խոռեռւթին ՚ի Հերետիկառին ամձառյն եկե
ղեցւոյն` պատկառեացի, և յայլոյն մբապա
ռութի եկեռգէ ։ Իսկ այառ բարձառ ապառա
ամբն, և տիրեաց մրձմառց ապՀառապա
թին. և եղաք Հերետիկառ ամձեբեան, և
ոչ թէ ամառք ՚ի մէջ մեր. գի Հերետիկառ
եբեՀառծոդ Թարդմառն. և առա ոռռտանեռք
դամձռայն ազգս քբիատոռեից ՚ի մրձմառց Հեր
ձեայ և պատառեայ. և իբռաբանչիբ եկե
ղեցի , և ժողովռառան, և առռռ Հառառառեայ
Առդ` այժմ չէ օգռւտ ՚ի մրձմառց Հռածա
բեին, կամ ընդ անՀռագանդն ոչ Հաղռռդէին.

chi può mai comprendere l'acerbità di questo male? Il mio discorso fu prolisso forse
oltre il dovere, eppure di questo male non
ancora trattò abbastanza; restano ancora da
spiegarsi molti altri mali.

E voce (441) di uomini amici dell'odio,
che dice: I nostri Padri (442) non vollero
aver parte cogli Scismatici (443), e ci tennero lontani dagli Eretici (444). L'Appostolo
disse: „ Se qualcheduno non ubbidirà a
questa Lettera, notatelo, e non comunica-
te con esso „ (445), e cose simili. Ed io
risponderò a questi tali: Tutto ciò anch'io
sapeva. Tu intanto taci, e non oscurare la
verità, portando le parole dell'Appostolo a
difesa della tua passione. Pesiamo rettamente questo discorso, e vergogniamoci della
nostra interpretazione. In qual senso infatti
disse Egli così? Acciocchè astenendosi tutta la Chiesa dall'Eretico, questi si vergogni,
e torni al seno della unità. Oggi però sva-
nì il pudore, e prevalse il vicendevole disprezzo. E non già alcuni solo tra noi, ma
tutti divenimmo eretici. Eretico (446) infatti
vuol dire *scissore*. Ed ecco noi vediamo la-
cerarsi a vicenda tutte le nazioni Cristiane,
separarsi l'una dall'altra, e stabilirsi ciascheduna la sua Chiesa, la sua Congregazione,
la sua Sede. Ora non giova più l'astenersi
dal comunicare l'uno coll'altro, o allonta-

գի եթէ խորշիս. ոչ թէ ոչ ունիմ այլ եկեղեցի, եւ 'ի քոյոցդ արտաքս ելանեն ամաչէ,
այլ յանարգէն 'ի քէն' զնայ յիւրն եկեղեցի
եւ յազգ. եւ վասն քո խոտելոյն` ոչ թէ պատ
կառէ, այլ պարծի ։

Դարձեալ` եւ դու տես զքեզ. գի ոչ թէ
վասն յուղղութիւ աձելոյ ոչ Հաղորդիս սիրով
եւ վշտակցութէ, այլ մեծապանծութէ եւ այլ
Համարհանօք, խրոխտալովն յանձն, եւ զիս
առ ոչինչ դնելով. որ ոչ է քաջութիւն, այլ
թշնամութէ չար ։ Իսկ եւ շարագոյն այդ. գի
ջատագով թիեք մտացդ. զուղիղն աձնուա օ
բեռա առաքելական ։ Խորշելով եւ Հրաժարե
լովն թերեւս 'ի քում աղգեդ եւ 'ի քո եկեղեց-
լոյդ, կարծա զոք յուղղութէ աձել, կամ
քեզ Հաղորդ վասն ամաչեցուցանելոյն առնուլ. իսկ զայլ ազգ` որ Հաւանեալ է, թէ
քան զքեզ պատուական է եւ ուղիղ, էրթ է
Տնար այլազգ Հաղորդ ընդունել, քայց թէ
սիրով եւ խնարՀութէ եւ քո օրինօքն` Հե.
զոյն եւ մարդասիրին. Նա` որ արարիչ էր,
զիւր արարածո ոչ կամեցալ քռնութէ եւ սա
տիլ ուղղել, գի էր Տնար. իսկ դու այլ ա
ռաւել խեբա քան զքէֆն 'ի քեզ խառնես ։
Կատամբանօք կամա զոք 'ի սէրն կողել. աննձ
իշխան մարդ կատամբանօք նուամբ, եւ ոչ

narsi dal disubbidiente (447). Poichè se da lui ti allontani tu, avendo egli un'altra Chiesa che lo accoglie, non si vergogna di allontanarsi egli pure da te. Perchè se è disprezzato da te, andando alla sua Chiesa, ed alla sua nazione, ha occasione di gloriarsi, e non di arrossire, quando per questo allontanamento ritorna alla sua.

Per altro guarda te stesso, e vedrai, che ti astieni dal comunicar meco, non per condurmi sulla retta strada colla carità e compassione, ma insuperbendo con jattanza e disprezzo, non computandomi a nulla: il che non è proccurar guarigione, ma fomentar maligne inimicizie. E quel ch'è peggio, tu prendi a difesa del tuo torto sentimento (448) le rette Leggi Appostoliche. Astenendoti (449), e allontanandoti dalle pratiche non necessarie della tua Nazione, e della tua Chiesa, potresti forse convertir qualcheduno, e condurlo alla tua comunione, per quella vergogna di cui lo ricolmi. Ma un'altra Nazione (450) ch'è persuasa di essere onorata, ed ortodossa più di te, come mai è possibile, che venga alla comunion tua, se non la chiami colla voce della carità, e della umiltà, eseguendo le leggi del mansueto, e clementissimo Gesù? Egli essendo il Creatore, e volendo pur chiamare ad emenda le sue Creature, non usò nè di forza, nè di rimproveri. Ti credi tu più saggio di Cri-

երբեք . այլ մանաւանդ և Հագարակի . այլ
պարտ գնա և Հաւատն սեր և խոնարՀաւ_
թիւնն ։

Այլ աւս, թէ Հրաժարեմ՝ զկ մի պրծի
զիմ 'ի նմանէ՝ որ Հայն է ; կամ եւ որ Հայս
եմ՝ 'ի Հառաձէս ։ Ոչ յանգգնութեն . ոչ սա
տանայի կաևաւցն սատարութեանս . քրիստա
նեաւյն զքրիստոնեայն պրծէ ։ 'Ի Հեթանո
սաց ոչ խորշեցիք , և ոչ պղծիմք . և մինեանց
անձամբս վասն մնոտի կարծեաց՝ որպէս 'ի
պղծոց Հրաժարեմք ։ Ոչ զինչ է Նորա ալղղ_
ձութին՝ կամն , քննեցուք . ոչ վարք , ոչ
գործք , այլ զկ զգո՞ աԾ և մարդ խոստուա
նիմք . 'ի մի Հաւատ կալով երկիոց կողմանցս ,
վասն բայից և բարից զմնեանս պիղծս Հա
մարիմք ։ Ո այ մեզ 'ի յանապատն առեան՝ ա
ռաւանաց պատելութէ օրինաց սերովն աբՑա
մարՀոգացս ։ Դարձեալ՝ Թողցուք և զկար_
ձեոք առեն զգործս իբերաց ։ ,, Ո գործս իր
կշռեցգ՝ առն առաբեաբ , և ապա անձին իւ_
րում տացն պարձանս , և մի առ ընկերաան
զկ իբրաբանցիւր ոչ զիւր բեռն բառնալոց է ,,։
Այղ զբեռնՀ՝ զոր ոչ եւ դու բառնալոց , եթէ
վասն Հոգաս և դատոս . և դատեղ այդպէս՝
ոչ վձտակցութէ , այլ առելութէ ։ Ներեղ
խառնեմ 'ի քեզ . մի գոցցէ որպէս նա վասն

sto? Tu vuoi chiamare alcuno alla carità rimproverandolo, ma l'uomo libero si sottomette egli forse coi rimproveri? Nò, nò. Quelli lo irritano di più; ponno vincerlo solamente, come ho detto, la carità, e la umiltà.

Ma dice il Greco: per non imbrattarmi m'allontano dall'Armeno; e l'Armeno per questo stesso dice, che si allontana dal Greco. Che impudenza, che raggiro d'ingegno diabolico! Il Cristiano può macchiare il Cristiano? Trattiamo pure cogl'infedeli, e non ne abbiamo danno; e poi noi, che siamo membra del medesimo Corpo, come se fossimo immondi, non vogliamo trattarci gli uni cogli altri a cagione di vane, e diverse opinioni. Ma in che consiste questa immondezza? Non certamente nel costume, non nell'opera; ma solo nella confessione, che Gesù Cristo è Dio, ed Uomo (451). Essendo l'uno e l'altro nella medesima Fede, ci crediamo a vicenda immondi a cagione di vocaboli e di parole. Guai a noi, che anteponiamo l'odio alla carità! Che mai possiamo aspettarci, quando saremo condotti avanti l'inesorabile tribunale del Giudice eterno? Asteniamoci dunque dal disprezzarci a vicenda. ,, Ognuno, dice l'Appostolo, esamini il suo operare, e ne avrà gloria, ma non già quello del prossimo, perchè ciascheduno deve portare il peso proprio ,,

մեղացն, և դու վասն զատեւլոյդ պատուհաս
սնոցիս։ ,, Որդ զատտատանեա` ասէ, զատրէ,
զատեւլոյ եք ,,։

Խոտութի աւետտ կերակրոց, և ատքա այս
նորին նախատես զայս մեծ եկեղեցին ապղղտ
աշակերտոդ, որ ասէ․ ,,զայս գիտեմ մ և Հառատ
տտեալ եմ 'ի քո յս, թէ այնչէ է աղղձ մափալ ,,․
և նորին ,, որ ᵬ բերանն մոանէ, ոչ աղղձ բդ
մարդ ,,։ Նապա յայա է թէ ոչ աղղձ զնա ձր
վտջէն պեառւաղն` որ յորովատն երթմալ, և ար
տտցս եղանէ․ այա աղղձ զնա խարՀուրդ չւր
բամբատանցս, որ 'ի տրատս ատրատբ զայ։
և ատքա այտրբիկ զնա 'ի Հառատայն որ 'ի քո'
տտայ բամբատտեւլ տրտեստ Թեբի։ Նայատես խո
սեցառւնբ, և այտտյես ատրատբէ․ տրտեստ զի ատ
զատտւԹէ օրինացն զատտեցնբ, և մէ ձատայ
ատԹէ նախատնձու։ Որ Հոգէն խտատււԹէ
'ի Թճռառնոդ և 'ի Հատտատկոդ բերատոց
փտխէ, իսկ ատ խատաղտբապն բնատկէ․ բատ
տրււմ զբէ զտցն յակոգատ, թէ ,,նախտնձ և
ՀատտատկււԹէ և զատնււԹ գնն 'ի ձեզ․
մէ պատծբ սւտ տատել լ զXմտարււԹն․ ոչ
է իմատտււԹս այս իջեալ 'ի վերււտտ, այլ
երկրատւոր, Հնատւոր և դիւատկան․ զի ււբ Հեռ

(452). Perchè, dunque, vuoi tu andare in cerca di quel peso, cui non sei chiamato a portare? Perchè vuoi giudicare con odio invece di adoperare la compassione? Credi forse, che come gli altri saranno puniti pei loro peccati, tu poi pel tuo giudicare temerario non sarai castigato? Il Signore ha detto: „ Lo stesso giudizio che farete degli altri, sarà fatto anche di voi „ (453).

Tu fai distinzione (454) tra i cibi, perciò disprezzi la gran Chiesa di Dio (455), benchè sii discepolo di Paolo, che disse: „ Io sò questo, e confido in Gesù Cristo, che non v'ha cosa alcuna immonda davanti a Lui „ (456). Ed il Signore fece che si scrivesse: „ Quel ch'entra per bocca, non imbratta l'uomo „ (457). E dunque cosa evidente; che i marini rettili animalucci, ch'entran nello stomaco, non lo (458) imbrattano. Sapete quali sieno le cose, che deturpano l'uomo? I pensieri di maldicenza, che partono dal cuore, che lo rendono detrattore, come se mancasse di Fede. Così parlate a voi stessi, e in conseguenza di questo parlare operate; allora giudicarete colla Legge di libertà, senza essere servi della invidia (459). Il Santo Divino Spirito di sapienza fugge dalla bocca contumeliosa, e contraddicente, e ne stà presso i pacifici (460). E S. Giacomo scrive: „ Trovansi tra di voi invidia, contesa, e amarezze. Non vi gloriate di falsificare la

և նախասացն՝ ապա և անկապտու[թ]ի և ամենադէտ
ընդ չարբ ո։ Ա. Յառաջին զ․եղեն ապաք զչորեկա
ասիտութ[ի] Հաւատացեղացն ․ զի ապոքիկ ՚ի
չեչաւորէն եկեն մարդոյ յառաջ , և զ․են։

. . . .

. . . .

Որպէս ոևզի առւեաց եղրարը , և երթմա
խումբ թաշանաբատեստանին ՚ի ժողով՝ քաց
ցեք պետրան , և ճզեոնէք ՚ի պ․ետո առա
չարբեալ ամ․այինա գործոյ զեերին իմ․ատո
[թ]են՝ զչոզի , որ է ապատ ՚ս․ խանձարարբ
չեգ զեբրա․աւան՝ ՚մ օրորմու․է , և ապոզ․ք
 բարեաց․ և խապաղու[թ]է սեբմանի այ․ոցիկ
որ առ․եեն զեացագու[թ]ի։ Որ այս բարի սեբմ
երղարը սեբմ․անեալ յամ․ջին , Հ․նեեմք բզ․
պաոատ․ն․ռա ՚ի կեամ․ան բաբ․ոկենց ընդ ա
մեՆայն ա․եա ։

Ա․րդ՝ ոեսա․ան․ո՛մ , զ․ի ո՛չ միայն օ․ու[թ]ի Հ․զ
․ո․ն ընռ․ու[թ]ի առ․ե․ք զ․ան․ա․ան իմ․ատ․ից
Հո․զ․ո․ն , այ․ն․ցն ․ե․կ․ն․ա․որին և երկ․ա․
․ք․ս , այ․ե զ․ա․ո․ո․զ ․ե․ր․ին իմ․ատո․ու[թ]ե․ա․ն
ա․ա․այ․ ․ո․ա․ ա․ա․ո․Հ․ն․ո․ւ։ Ո ի ա․Հ․ա ․ո․ս․ա
ե․ ․ մ զ․ն․ե․զ զ․ե․ա․ո․ես զ․ի․մ․ո․ք ի․ր․ե և զ․մ․ա․ո․զ․ա․զ․ե
․ա․Հ․ն․ ՚ի ․ ․ ․ե․ր․ա․ֆ․ց ․ ․ ․ ․ ․ զ․ե․ր․ծ․ե․ա․ զ ։
Ա․ե ա․ա․ն․ե․լ․ո․ա․զ․ն․ ․ ․Հ․ա․ա․ի․ զ․ա․ն․ա․զ․ա․ն ․ա․
․ ․ զ․ե ․ ․ ․ ․ յ․ա․ն․ձ․ի․ն․ ․ ․ե․ր․ ․ ․ ․ ․ա․ ՝ ․ ․ ․ ․ ա
․ ․ ․ ․ ․ ․ ․ զ․Հ․ա․ն ․ ․ ․ ․ Ո ․ե․ն․ն ․ ․ ․ ․ ․ ․

verità. Non è discesa questa sapienza dall'alto, ma è terrena, animalesca, e diabolica: Imperciocchè, ove si trovano contenzione, ed invidia, ivi sono i disordini, e tutte le cose cattive „(461). Ecco in qual modo Egli combatte le contrarietà di quelli, che si sono avversarii. Esse provennero, e provengono dall'uomo animalesco.

Da tutto ciò allontanandoci, o miei Fratelli, ora che formate un Sacro Concilio di Pontefici radunato dall'alto, apriamo la bocca a trarre su questa opera Divina (462) a cui siamo chiamati, quello Spirito di superna Sapienza, la quale è libera, santa, pacifica, mansueta, pieghevole, piena di misericordia, produttrice di buona frutta, e donata colla pace a chi cerca la pace. Seminando questo buon seme, o miei Fratelli, nelle nostre anime, raccogliamone il frutto nella eterna vita con tutti i Santi.

E qui ben m'avveggo, che non solamente pella unzione dello Spirito Santo distinguete il senso dello Spirito celeste, e dello Spirito terreno, ma ancora vedo che cominciaste a dar frutti di superna Sapienza. Imperciocchè io già scorgo brillare sui vostri volti l'allegrezza, ed il gaudio come un prato sciolto dai legami del rigido verno. Che meraviglia! Ecco i diversi fiori della Carità, i quali spuntano nelle vostre anime, e incominciano subito a sparger odor soave.

սանեմ՝ ոչ որպէս յերկիւղ եւ յերանգն, այլ
կախ քան զքաղքատ.՝ Հեզութիւ առեստաբաս
ենին. Ա՛յք ձեր ոչ զեղուագումն սրտի արբանող
գուցանենն, այլ զքաագր արատասուծ ճ՛նչեաս
արտաբս թռիւենն. Ա՛չինն անսիրաւիք որ Հայր.
արդարեն արտատսուաց արժանի աւուրբ՛ն մեր
խոսուութ՛ բ անձեալք. բայց տակաս՛ն այսօր է
օր՝ զոր արար եր, օր՝ ցնծուութ՛ եւ ուրախուն.
,,Ուրախացի իսրայէլ յարարիչն իւր. որդիք
սիովիք ցնծացեն ՛ի Թագաւորն իւրեանց ,,:
Ո՛ ի քորբոքեցաւ յերկիր մեր ճառագայթեն
սիրոյ ջաՀաւորեալ, եւ ելոյծ զձմեռն նախանձ
ձու: Ի՛Հա ժամանակ իմարտուն երկրագործ
ձացզ յատեր]այ տայթի եկերեցող ճիտք , եւ
սրբելոյ գնա ՛ի ապզարթիցն ալելորդայ. Ա՛ւ
սօր ճչհագատու֊թ՛ մեր, եւ ուղղափառութ՛ն այ պա
տաՀեն սփսեանց . ջորայ Հաճեսւի ինտ սիրե
զեսս արդարութ՛, եւ խաղաղութ՛ :

Ա՛աղթեացուք այսուՀետեւ՛ զի տացէ ՛՛սր
զքաղցրութիւն եւ առաւելապես , եւ անծե
ցուացէ յերկիր մեր ցորով Հոգւոյն ար զայլ
սերն. Թեքեա զզրու֊թ֛ նորա եւ զպտուղն
կարատգաց տալ . որպէս կամօք. այսօր՝ եւ
յաւղ ժամենակս արդեասցի նորոգեր բե

Veggo i vostri volti non come jeri, e jeri
l'altro, ma annunciatori di mansuetudine,
far precedere le belle promesse, prima che
si aprano le labbra. I vostri occhii più non
palesano il livore del sangue, e del cuore,
ma fuor mandando dolcissime lagrime, pro-
mettono felicità. A ragione piangete, o Santissimi Padri. Sono degni di lagrime quei
giorni, che abbiamo passati nella discordia.
Ma oggi è giorno di allegrezza, e di quella esultanza, che fece il Signore [463]. ,, Israello, dunque, nel suo Creatore si allegri, e i
figli di Sionne [464] facciano festa intorno al
loro Re ,,. Già balenò sulla nostra terra il
raggio della Carità più ardente; e della a-
mara invidia scacciò lontano il torbido in-
verno. Venne già il tempo, in cui i saggi
Agricoltori [465] potranno levare i rami infe-
condi nella mistica vigna di Cristo, e mon-
dar quella, levando di là le foglie superflue.
Oggi la nostra verità, e la misericordia di
Dio a vicenda s'incontrano, e van pubbli-
cando per tutto il mondo la giustizia, e la
pace [466].

Preghiamo dunque il Signore, perchè ci
doni abbondante dolcezza; e perchè faccia, che la beata semente innaffiata dalla
rugiada dello Spirito Santo, cresca nella nostra terra. Ci doni virtù, onde da questa
semente nascano i frutti. Ritorni la Pace
alla Chiesa di Cristo, e si manifesti non

խաղաղութիւն եկեղեցւոյ քոյ։ Ո՛վ եւ ընդ
եմա՝ նոյքէս ջնորհիւն լիցուք խաղաղարաթէս,
որդէք այ josp անվախման խաղաղութեան ։
արժանաւորապէս փառաւորել զՀայր եւ զոր
դի եւ զոգ. Հոգէս յաւիտեանս յաւիտենից ․
Ա. մէն ։

solo adesso dalla nostra volontà, ma anche
per l'avvenire coi fatti. In questa guisa noi
Figli pacifici del Dio Padre della pace infinita, anderemo mercè la sua grazia a re-
gnare con Cristo, ed a glorificare in Cielo
il Padre, il Figliuolo, e lo Spirito Santo
per tutti i secoli. Così sia.

ANNOTAZIONI.

(1) Tutte le copie dell'Originale manoscritte, e stampate portano sulla fronte un tal Titolo: ,, Orazion Sino-,, dale di S. Nierses il Grande, Arcivescovo della città di ,, Tarso custodita da Dio, e Dottore di Divina eloquenza; ,, recitata nel Sacrosanto, ed Ecumenico Concilio della stes-,, sa Città, che fu radunato da Gregorio Patriarca degli Ar-,, meni, fornito d'Angeliche virtù, Nipote di S. Nierses ,, Ghelajense; e da Lione Re degli Armeni, coronato da ,, Cristo, per l'unione della Chiesa ". Questo titolo però scritto certamente molto dopo l'epoca del Concilio, merita di essere spiegato in due punti. Il primo è là, dove si dice che l'Orazione fu recitata in Tarso, mentre fu detta in Rom-ghela. Il secondo è, che il Concilio di Romghela sia stato convocato anche dal Re Lione II. In quel tempo in fatti questo Lione non era ancor asceso sul Trono; e il suo fratel-lo Ruben, semplice Principe, governava allora il Regno in Cilicia. Piuttosto si potrebbe dire convocato questo Concilio dall'Imperatore Greco Emmanuel Comneno, giacchè egli eccitò il Patriarca Gregorio IV a chiamar quella radunanza. Ed ecco perchè noi in vece di quel titolo non esatto, ne abbiamo sostituito un altro.

(2) Gregorio Patriarca presidente del Concilio, e Capo di tutti i Vescovi quivi radunati; ovvero Gesù Cristo, Capo invisibile di tutti i Cristiani.

(3) Il Concilio radunato in Castello di Romghela, che non era soggetto agl'Infedeli.

(4) I Vescovi, come Pastori della Chiesa, sono pacifica-tori del mondo Cristiano.

(5) La Chiesa Cristiana.

(6) Satanasso, Principe del Mondo, Origine del pecca-

to, ed Autore di tutti i mali. 4. Reg. 34. 13; 2. Paralip. 36. 7. Jerem. 52. 13. Dan. 1. 1.

(7) Comincia a paragonare le miserie delle due Chiese, Greca ed Armena, colla schiavitù degli Israeliti.

(8) Psal. 136. 2. Nell'originale Greco, onde è tradotto l'Armeno, abbiamo ὄργανον, organo. I nostri Interpreti hanno posto Testamento per significare lo strumento Musicale, con cui si accompagna il canto dei Salmi, che sono una parte del Testamento Vecchio. Onde vuol dire il Lampronense, che abbiamo abbandonato la Legge, e i Comandamenti del Signore.

(9) Babilonia, presa per la discordia.

(10) Fummo liberati dallo stato della schiavitù spirituale, essendo ben disposti ad abbracciar la pace per mezzo del presente Sinodo.

(11) Il termine della discordia permesso da Dio. Jerem. 25. LI. e 29. 10.

(12) Agg. 2. 10.

(13) Zacc. 1. 16.

(14) Gregorio Patriarca. Zacc. 3. 5.

(15) Imperatore Greco Emmanuel Comneno, o Ruben Principe Armeno. Agg. 1. 14.

(16) Alla pace della Chiesa di Cristo.

(17) 4. Reg. 25. 8.

(18) Li radunati Vescovi erano 33, oltre molti Dottori, e Principi secolari; perchè i Vescovi Orientali in gran numero impediti dalla confusione delle strade, non poterono intervenire in persona al Concilio, e si contentarono di prestarvi il loro assenso.

(19) Zacc. 8. 9 — 13.

(20) Il Lampronense fa affermativo il senso negativo del testo Sacro, adattandolo al suo scopo; perchè nella profezia di Zaccaria abbiamo così: ,, In quella guisa, che pensai affliggervi allorchè i vostri Padri mi provocarono allo sdegno, e non mi pentii, così son pronto, e penso a questi giorni di beneficare. ,, E come qui, così anche in altri luoghi della sua Orazione porta piuttosto il senso, che le stesse parole della S. Scrittura.

(21) Agg. 1. 8.

(22) Dall'Asia Minore, ov'erano dispersi gli Armeni.

(23) Nome di città. Gen. 10. 10.

(24) Gregorio Patriarca.

(25) Passioni disordinate, guerreggianti contro la Carità, e la Legge del Vangelo. 1. Esdr. 10. 3. Psal. 136. 9.

(26) Della schiavitù degli Israeliti, confrontata con quella delle due Nazioni, Greca ed Armena.

(27) 1. Corinth. 10. 11.

(28) Gesù Cristo. Exod. 12. 13.

(29) Exod. 14. 22.

(30) Gesù Cristo. 1. Corinth. 10. 4.

(31) Exod. 15. 6.

(32) Josuè. 1. 11.

(33) Hebr. 10. 1.

(34) Confessione della Fede di Gesù Cristo perseguitata dagl'Imperatori pagani ne'primi Secoli. Exod. 26. 1.

(35) 1. Corinth. 3. 10 — 16. Hebr. 3. 6.

(36) Matth. 16. 18.

(37) I SS. Padri anteniceni.

(38) La Dottrina del Vangelo. Deut. 10. 5. Num. 17. 5.

(39) Abagaro, Costantino; Diridate Armeno, e Teodosio Magno.

(40) 3. Reg. 6. 7.

(41) L'anno del Signore 325.

(42) Exod. 37. 30.

(43) Matth. 11. 29. Joan. 15. 12 — 17.

(44) 1. Corinth. 3. 16.

(45) Exod. 35. 23.

(46) I vigilantissimi Pastori della Chiesa di Gesù Cristo.

(47) La Fede, e la Dottrina di Gesù Cristo.

(48) Novelli Cristiani.

(49) Colos. 3. 11.

(50) Non sol dall'Egitto, o da Gerosolima condussero al seno della Chiesa questi Proseliti Cristiani, ma anche da tutte le parti del Mondo. Exod. 12. 35. Rom. 15. 19.

(51) Nome di città nel confine della Palestina. Isai. 27. 12. giusta la LXX.

(52) Li SS. Appostoli.

(53) Città di Babilonia. Gen. 10. 10.

(54) Philip. 2. 17.

(55) 1. Petr. 5. 9.

(56) Isai. 6. 5.

(57) I Cristiani de' primi Secoli.

(58) Il Sacramento dell' Altare.

(59) La Dottrina di Gesù Cristo.

(60) Gen. 4. 4.

(61) Psal. 2. 9.

(62) Isai. 51. 22.

(63) 3. Reg. 6. 7.

(64) Di vera Fede, e Dottrina.

(65) Uomini santi, ed esemplari.

(66) La Santa Chiesa. Isai. 54. 2.

(67) 1. Petr. 5. 8. Apoc. 12. 17.

(68) I peccati di umana fragilità.

(69) Eresie col pretesto di ortodossa Fede.

(70) Divisoria, separativa.

(71) Persuasione di conoscere il bene, e il male, e diventar come un Dio.

(72) Difensori, e Pastori del Popolo Cristiano.

(73) Con frecce di particolar peccato.

(74) Gesù Cristo, nostra speranza e fortezza, e la sua Legge.

(75) Che sa ricusar ogni bene, e guarigione.

(76) In una Chiesa.

(77) In molte Chiese separate l'una dall'altra.

(78) Pensata, o trovata da nessun peccatore, o ingannatore.

(79) Carnale piuttosto.

(80) Matth. 5. 41.

(81) Non rettamente, perversamente.

(82) Gen. 3. 4.

(83) Fatti Capi dello Scisma per inganno.

(84) Gesù Cristo.

(85) Per lui odia l'uno l'altro, sospettando della Fede del suo prossimo.

(86) Gesù Cristo, e la sua Dottrina.

(87) Il contrastare, e la superbia sono veri caratteri degli Eretici, e Scismatici, che insegna l'infernal nemico, e molto brama.

(88) I Pastori della Chiesa.

(89) La Divinità dell'unico Figliuolo di Dio incarnato, cosicchè ammettendo due Persone con due Nature, toglieva di mezzo l'ineffabil Mistero della sua Incarnazione.

(90) Un errore con un altro affatto opposto, cioè ammettere una sola Natura, e una Persona, e per conseguenza distruggere lo stesso ineffabil Mistero.

(91) Gesù Cristo.

(92) Isai. 61. 17: 4. Reg. 1. 1. e Dan. 1. 2.

(93) I medesimi Infedeli ci tolsero, ed hanno tutte queste virtù, che erano ornamenti della Chiesa di Gesù Cristo.

(94) Degl'Infedeli, che ci superano nella loro superstiziosa divozione.

(95) Naturale giustizia.

(96) Fatto da Salomone.

(97) Buone costituzioni, e virtù.

(98) La Fede Cristiana è una virtù infusa da Dio, come pure la Santità, o Castità, che è una virtù Angelica. Come alla distruzione del Tempio di Salomone si salvarono l'Arca del Testamento, e il Sacro fuoco (2. Macc. 1. 19.), così, dice, nel tempo della decadenza di buone Regole della Chiesa, col favor del Cielo rimasero la Fede, e la Santità Cristiana nascose nella Dottrina delle Sacre pagine.

(99) Credendo, che noi soltanto fossimo veri ed ortodossi Cristiani, e non gli altri.

(100) Di Dio.

(101) Psal. 136. 1.

(102) Della S. Chiesa ne' primi Secoli.

(103) Num. 11. 5.

(104) I Cristiani membri della medesima Chiesa. Isai. 5. 25.

(105) Vedi l'annot. (8).

(106) L'abbondante frutto della pace ne' primi Secoli.

(107) Ch'è esporre le nostre miserie, ed esortarvi all'unione caritatevole.

(108) L'America non era ancora scoperta.

(109) Matth. 16. 18.

(110) Isai. 19. 18. giusta la LXX. Heliopolis.

(111) Rom. 15. 26.

(112) Cattolica.

(113) Illuminatore della nazione Armena. Vedi l'Autore della sua vita Agatangelo, che si trova nei Bollandisti in Greco, e nella nostra lingua in Armeno.

(114) La persecuzione dei Pagani, o l'odio del prossimo.

(115) Della legge del Mondo, di maldicenza, e di reciproco odio; i quali volevano nasconder piuttosto la loro ortodossa Fede, che inchinarsi alla verità, ed alla fraterna pace.

(116) Onde per castigo dei nostri peccati molte furono, ec.

(117) Perdettero il loro pacifico stato, libertà, e Regno.

(118) Corporali, corrispondenti al nostro spirituale.

(119) Sotto il Dominio infedele.

(120) Isai. 1. 6.

(121) D'ostinazione, di mala intenzione, di finto Cattolicismo.

(122) Gesù Cristo.

(123) 1. Corinth. 12. 13.

(124) Che consiste nell'andare in Chiese dell'altre nazioni Cristiane, nel ricever da loro i Sacramenti, e nel celebrar con loro le Feste.

(125) Col sospetto, che sia Eretico, o errato.

(126) Gl'Israeliti, la Chiesa antica. Isai. 1. 8. e 64. 10.

(127) Luc. 12. 48.

(128) La Terra promessa, con cui s'intendono i Paesi Cristiani.

(129) L'Egitto, figura de' Paesi degl'Infedeli, in cui si travagliano i Cristiani. Deut. 4. 20; 3. Reg. 8. 51.

(130) In vece di esser radunati nell'Armenia nostro Regno, perchè siamo esiliati in confine, facciamo questo Sinodo in Cilicia.

(131) 1. Corinth. 1. 12.

(132) Degli antichi Eroi pagani.

(133) Figlio di Thogorma, nipote di Gomer, e pronipo-

te di Jafet. Padre e Patriarca della Nazione Armena; uno di quelli, che cospirarono alla costruzione di Babele; il quale secondo la Storia Armena si distinse per coraggio, per robustezza, e per autorità; e uccise il tiranno aggressore Nembrode, detto con altro nome Belo. Da questo Eroe traggono gli Armeni il nome proprio della loro Nazione Haicana. Prese il Dominio della Nazione l'anno del Mondo 1893. innanzi di Gesù Cristo 2107. Vedi il Coronense, e il Compend. Stor. di Gios. de Serpos L. II. p. 2.

(134) Un altro Eroe benemerito tra i discendenti di Haico. Cominciò a reggere la Nazione l'anno del Mondo 2173. Si segnalò per molte gloriose conquiste, e fabbriche di Città, tra le quali è stata assai famosa l'antica Mazaca, detta di poi Cesarea di Cappadocia. Dal nome di questo Eroe cominciossi quindi la Nazione Haicana chiamare Armena specialmente dalle altre Nazioni. Vedi Coron. e il Comp. L. II. p. 3.

(135) 1. Corinth. 1. 13. Con ottima eloquenza adatta le parole di S. Paolo ai nomi dei pagani Eroi.

(136) Cioè il nome di Cristo, o di Cristiano.

(137) Dicendo: Io sono Armeno, Greco, Romano, ec.

(138) Matth. 6. 14.

(139) Condanna una intiera nazione, detrae ad un'altra nazione, che crebbe prosperata dallo Spirito Santo, e lo stesso Spirito Santo offende. Matth. 12. 31.

(140) 1. Corinth. 13. 4.

(141) Cioè umiltà.

(142) Dan. 3. 29.

(143) Tartari, Saraceni, ed altri infedeli oppressori.

(144) Come gli Ebrei. Jerem. 25. 11.

(145) Cioè cominciando dal Concilio di Calcedonia, che fu radunato l'anno del Signore 452, insin al Sinodo di Romghela; in qual frattempo di confusione, e di Scisma passarono 727 anni.

(146) In questo tempo di confusione, e di schiavitù spirituale alcuni Vescovi, e Dottori fomentavano lo Scisma con indegna temerità.

(147) Dan. 13. 5.

(148) Sospendendo i rimproveri, e non volendo spiegar tutti i disordini.

(149) Dello Scisma.

(150) Temerarii calunniatori degli altri,

(151) Della lor Fede, e credenza.

(152) Della lor Chiesa, e Riti.

(153) Di questi Capi dello Scisma tra gli Armeni, e Greci.

(154) Capo, Pastore, Sacerdote.

(155) Non solamente colle parole; ma anche colle scritture volete riprendere gli altri, e separar l'una Chiesa dall'altra.

(156) Rom. 12. 21.

(157) 2. Timoth. 1. 14.

(158) Matth. 23. 13.

(159) Matth. 5. 46.

(160) Fece le diverse Nazioni.

(161) Psal. 88. 7.

(162) Isai. 52. 5.

(163) Jerem. 25. 11.

(194) Hebr. 9. 26.

(165) Psal. 117. 16.

(166) Aggeo, e Zaccaria,

(167) 1. Petr. 1. 12.

(168) D'odio, e di contenzione,

(169) Zacc. 8. 6.

(170) Agg. 2. 5.

(171) Vescovi, Pastori della Chiesa.

(172) Gregorio Patriarca, presidente del Concilio, e Capo di tutti i Vescovi quivi radunati.

(173) Emmanuele Comneno Imperatore di Costantinopoli, vittorioso fautore di questo Concilio. Alcuni qui intendono il Principe Armeno Ruben II. Governatore di Cilicia.

(174) Vescovi, Capi, e Pastori del popolo Cristiano.

(175) Marc. 10. 27.

(176) Disponendo i vostri cuori ad abbracciar questa bramata unione, e radunandovi insieme.

(177) Psal. 125. 1.

(178) Della verità, dell'ortodossa Fede.

(179) Matth. 5. 15.

(180) Di rinovar la sua Chiesa con stabilire la pace tra i discordi Cristiani.

(181) Ai primi Cristiani, che passarono immediatamente dall' Idolatria al Cristianesimo.

(182) Ose. 6. 2.

(183) I. Corinth. 10. 13.

(184) Con cui ci radunò per stabilire la pace Cristiana.

(185) Isai. 51. 17.

(186) Psal. 35. 9.

(187) Gregorio Patriarca. Zacc. 3. 8.

(188) I Vescovi teco radunati.

(189) Zacc. 3. 10.

(190) Zacc. 4. 9.

(191) Che non crede, e non vuole questa unione. Zacc. 3. 8. e 4. 10.

(192) Zacc. 2. 13. e 3. 5. Come notammo altreve (Not. 20) il Lampronense porta il senso del Sacro Testo, e fa anche trasposizione.

(193) Zacc. 3. 5.

(194) Secolari.

(195) Dell'Asia Minore, onde furono chiamati da Gregorio Patriarca i Prelati, e i Principi Armeni.

(196) Psal. 121. 2.

(197) Matth. 16. 18.

(198) Deuteronomio.

(199) In luogo sicuro, e in istato di pace.

(200) Di confusione, e di contrarietà.

(201) Ai fanatici avversarii, e fautori dello Scisma. Matth. 7. 6.

(202) Psal. 67. 27.

(203) 2. Corinth. 11. 5.

(204) La Carità, e la Legge Divina.

(205) 2. Esdr. 8. 1.

(206) Deuter. 7. 2.

(207) I. Esdr. 9. 2.

(208) Isai. 52. 5.

(209) Psal. 136. 9.

(210) Fanatici Scrittori.

(211) Esame, prova. Sap. 3. 6.

(212) Matth. 7. 17.

(213) Scismatici Scrittori.

(214) Le vergognose scritture, i difetti di questi Autori Scismatici.

(215) Lev. 18. 7.

(216) A noi, che siamo posteriori a' tali primi Scrittori.

(217) 1. Corinth. 14. 30.

(218) Benchè fossero veri Profeti, o zelanti Pastori, bisognarebbe, che tacessero questi Scrittori per la pace della Chiesa di Dio; quanto più, adunque, essendo eccitatori di tumulto, e disprezzatori della pace.

(219) Gal. 5. 22.

(220) Scismatico, che con le sue scritture stabilisce leggi contrarie alla Carità.

(221) Con le parole d'invettiva.

(222) Attribuendogli *due Nature*: Ironia; perchè anche gli Armeni confessano la stessa verità, benchè gli attribuiscano *una Natura* col significato di *Persona*.

(223) I Greci fanatici Scrittori.

(224) Verbi grazia, *una Natura*, *due Nature*, ed altre simili.

(225) Thren. 2. 14.

(226) Gesù Cristo. 1. Petr. 2. 6.

(227) I fanatici Scrittori.

(228) Li SS. Appostoli, e i loro successori SS. Padri.

(229) Immagini materiali.

(230) La Divinità, e l'Umanità.

(231) Del Divin Redentore incarnato per la nostra salvezza.

(232) Confessando Gesù Cristo, Dio e Uomo perfetto, con diverse lingue, e parole.

(233) Intende tutta l'Europa, o l'Occidente, prendendo l'ultima parte per tutto, perchè la Spagna è più nota agli Orientali.

(234) Comprende generalmente tutta l'Asia, ed Affrica.

(235) Cristiano di qualunque Nazione, e Paese.

(236) I segni materiali; come sono Croci, Immagini, Statue, ec. fatte da questi Cristiani pieni di viva fede.

(237) Particolarmente con Nestorio, ed Eutiche.

(238) Gli Eretici, e i loro seguaci.

(239) Le Persone.

(240) Le Nature.

(241) Gli Autori dello Scisma, o separazione della Chiesa Armena dalla Greca.

(242) Città nell'Armenia Maggiore, in cui fu radunato un Conciliabolo l'anno del Signore 596 dal Patriarca Armeno Abramo I. Albathanense, e da 12 Vescovi, contro di Chirione Patriarca de'Georgiani, che aveva abbracciata la confessione del Concilio Calcedonense, e contro di tutti quelli, che confessavano due nature in Cristo; credendo, che tanto questi, quanto il Concilio, fossero fautori dell'Eresia Nestoriana, e confondessero le Nature con le Persone, facendo due Figli, ec. Vedi Compend. Stor. di Gio: de Serpos. L. V. p. 5.

(243) Un altro Conciliabolo scismatico tenuto nella città di Manazcerta dell'Armenia Maggiore nell'anno di Cristo 650, dal Dottor Giovanni, Vicario Patriarcale Sede Vacante, e da alcuni Dottori fanatici. In cui, come nell'antecedente, con una falsa opinione fu stabilita una Natura in Cristo (e ciò inconfusa) contro il Concilio di Calcedonia, ed i seguaci di quello. Vedi il Compend. Stor. di Gio: de Serpos. L. V. p. 11.

(244) Stefano Siuniense, dotto e savio Dottore Armeno, vivea nel principio del Secolo VIII. che rispose rettamente ad una Lettera di S. Germano Patriarca di Costantinopoli. A questa risposta aggiunsero i fanatici amatori dello Scisma mille calunnie e maldicenze contro il Concilio di Calcedonia, e tutti quelli, che dicono due Nature riguardo al nostro Signore Gesù Cristo. Ciò nonostante fin al tempo di Lampronense portava questa Lettera il nome di Siuniense, essendo ignoti i nomi di quelli, che aggiunsero tante assurdità. Il Galano confonde questo Dottore con un altro Stefano similmente Siuniense, detto Urbelian, Scrittor fana-

tico; e crede, che tutta questa Lettera sia scritta da lui; ma questo ultimo è molto posteriore al tempo di Lampronense. Galan. Tom. II. pag. 81. ec.

(245) Anania Schiracunense, eruditissimo Dottore nel Secolo VII. cui vien attribuita un' altra Lettera poco differente dall' antecedente. Questa Lettera però pare, che sia scritta da lui nella sua gioventù, o corrotta da posteriori. Essendo poi molti i Dottori Armeni di questo nome, non sappiamo, quale sia l' accennato dal Lampronense. Il Galano (T. II. p. 131.) non ha l' esatta critica nemmeno riguardo a questo Dottore.

(246) Paolo Taronense, un altro Dottore Scismatico nel principio del Secolo XII. il quale scrisse prima una Lettera contro di Theopisto Filosofo Greco, e poi un Libro contro i Greci, e tutti quelli, che dicono due Nature in Cristo. Ma come i primi Dottori, così anche quest'ultimo asserisce una Natura inconfusa, e prende la Natura col significato di Persona; e con questa falsa opinione parla contro le altre nazioni Cristiane.

(247) La Greca, con cui intende anche la Romana, supponendole unite, benchè allora erano già separate l' una dall' altra.

(248) L' Impero di Costantinopoli, o dell' Oriente Cristiano.

(249) Il Divin Verbo dall' Uomo, e facendo due Persone, o due Figli.

(250) Nazione Armena.

(251) Astenendoci dal nome della Natura.

(252) Divina.

(253) Come dicono gli Armeni.

(254) Come dicono i Greci.

(255) Il dire Cristo, Dio e Uomo, non solamente ci spiega la sua essenza unita da due Nature Divina, ed Umana, ma anche la definisce; perchè Cristo vien definito, Dio e Uomo.

(256) Nel dire due Nature.

(257) I Greci Scrittori.

(258) Dell' Incarnazione di Cristo.

(259) Nell' oscurità, nella debolezza dell'umana Natura.

(260) Il Demonio non ha potuto, dice, conoscere Dio quello, che era incarnato, prima che fosse risuscitato. Dunque il medesimo, che si vedeva prima Uomo debole, e dopo la sua resurrezione è stato conosciuto Dio, era Dio e Uomo insieme, e per conseguenza aveva due Nature, umana e divina.

(261) Dell' Incarnazione.

(262) Cogli spirituali Misterii confrontiamo le Profezie, e tutte le Divine Scritture, e sappiamo, che Iddio si fece Uomo per salvar l'uomo. 1. Corinth. 2. 13.

(263) Rom. 5. 18.

(264) Ipostatica, e la Comunicazione delle due Nature, divina ed umana.

(265) Μίαν φύσιν τᾶ Θεᾶ σεσαρκωμένην, ovvero σεσαρκωμένε. Epist. ad Succensum.

(266) Delle due Nature.

(267) Perchè una Natura non può significare, e la Divinità, e l' Umanità.

(268) Il Figlio di Dio incarnato.

(269) Matth. 11. 30. e in molti altri luoghi.

(270) Joan. 6. 51.

(271) Joan. 1. 45. e 14. 8.

(272) Deut. 4. 24.

(273) Ovvero Luce. Joan. 1. 4.

(274) Ecco questa è la vera, e l' unica Dottrina della Chiesa Armena.

(275) Benchè non lo credono i Greci.

(276) Nella sua Incarnazione.

(277) Che la dicono chiaramente.

(278) Armeni, e Greci.

(279) Lo dissero i due Conciliaboli, ed alcuni Autori fanatici.

(280) Il profondo Secreto della sua permissione.

(281) Padri della Chiesa Greca, ed Armena.

(282) Giovanni IV. Ozniense, dotto e rinomato Patriarca Armeno nel principio del VIII. Secolo, detto Filosofo per

la sua profonda sapienza. Scrisse molte cose col senso Cattolico, particolarmente una Orazione contro i Fantastici, stampata 1807 con annotazioni del P. Gio: Battista Aucher, Dottore del nostro Collegio, in cui mostra divinamente il vero Mistero dell' Incarnazione del nostro Signore. Molti de' posteriori confusero questo Patriarca, valente difensore della Cattolica fede, con Dottor Giovanni, che era Capo del Conciliabolo di Manazcerta, e ciò senza fondamento, o ragione. Vedi il Compend. Stor. di Gio: de Serpos. L. IV. p. 9.

(283) Celebre, e Cattolicissimo Patriarca Armeno nel VII. Secolo, il quale in un Sinodo Nazionale radunato in Erzerum, città Capitale dell' Armenia Maggiore, accettò solennemente il Sacrosanto Concilio di Calcedonia. Vedi il Compend. Stor. di Gio: de Serpos. L. IV. p. 7.

(284) Era un illuminato, e buonissimo Patriarca Armeno nel X. Secolo, il quale col Re dell' Armenia Asodo III. e con molti Principi, e Dottori Armeni acconsentì, e unissi alla Chiesa Greca, e Georgiana inquanto alle definizioni Dogmatiche del Concilio di Calcedonia.

(285) Dottore Armeno era Gregorio Naricense, cioè Superiore del Monastero di Narek. Santo onorato dalla Chiesa Armena per i suoi stupendi miracoli, angeliche virtù, e profonda Dottrina. Abbiamo di lui oltre le tante celebri Opere, un Libro di Preghiere scritto con una incomparabile eloquenza, ed unzione Divina. Vedi il Compend. Stor. di Gio: de Serpos. L. IV. p. 11.

(286) Nierses IV. Ghelajense, santissimo e molto celebre Patriarca nel Secolo XII. antecessore di Gregorio IV. presidente del Concilio di Romghela cominciato dal medesimo Santo per l' esortazione dell' Imperatore Emmanuele Comneno, e per la sua morte interrotto. Vedi il Compend. Stor. di Gio: de Serpos. L. IV. p. 13.

(287) Di conciliazione.

(288) Che per brevità tralascio.

(289) Armeni presi dall' odio, o dal sospetto del nome, e dell' autorità dei Greci.

(290) Soltanto coll' autorità della Chiesa Armena, e dei nostri Padri, confidato nella Divina grazia, che questi sa-

ranno sufficienti a convincere gli animi disacerbati, ed infermi.

(291) Com'erano i sopraccennati fanatici Scrittori.

(292) Ignorante, ed appassionato.

(293) E così si manifesta, che la loro resistenza proviene piuttosto dall'umana passione, che dal zelo della verità.

(294) Avversario fanatico.

(295) 1. Corinth. 4. 12.

(296) Portando il nome di Cristiano, ó gloriandoti di esser Discepolo di S. Paolo.

(297) Il tuo avversario Greco.

(298) Rom. 11. 24.

(299) Perchè la Chiesa Greca è stata Madre di molte Chiese Orientali.

(300) Di ramicello, di figliuolanza, e d'ubbidienza.

(301) Di superbia, d'odio, e d'inimicizia.

(302) Insin al fine del mondo. Matth. 13. 24.

(303) Dell'una, e dell'altra parte.

(304) Luc. 6. 31.

(305) Metafora. Gen. 2. 6 -- 10.

(306) Gal. 6. 2.

(307) Matth. 23. 12.

(308) 1. Corinth. 13. 5.

(309) Evangeliche, ed Appostoliche.

(310) Riti, o vane pretensioni.

(311) Comecchè volessero i Greci ingannare insinuandoci le loro Eresie, o false dottrine, ovvero avessero altre mire.

(312) Infernale.

(313) Ephes. 4. 26.

(314) Matth. 18. 35.

(315) Rom. 12. 18.

(316) De'primi Eremiti.

(317) Di finto zelo dell'ortodossa Fede, e dell'amore di Dio.

(318) Cioè il Demonio.

(319) Dal Demonio.

(320) Psal. 118. 98.

(321) Il Demonio. Joan. 16. 11.

(322) Credendo, che sia una carità finta.

(323) La Chiesa Greca (o piuttosto **Romana** secondo l'intenzione dell'Autore) sarà Madre, e l'Armena la sua Figliuola; o la prima sarà Capo, e la seconda il suo Membro. I. Corinth. 12. 14.

(324) I Greci.

(325) 1. Corinth. 3. 6.

(326) Tanto Greci, quanto Latini, chiamati tutti nella lingua Armena Romani.

(327) Per mezzo della traduzione della Bibbia Armena fatta dal Testo Greco.

(328) Allorchè parlava il Lampronense, era ancor in vigore l'Impero di Costantinopoli, e l'Armenia (eccettuata la Cilicia) era soggetta agl'Infedeli.

(329) O errore appresso i Greci.

(330) Spirituali.

(331) Così sono chiamati gli antichi Greci.

(332) Il soccorrere, e non disprezzare l'uno l'altro.

(333) Il Greco all'Armeno, e viceversa.

(334) Matth. 5. 9.

(335) Vescovi pacificatori.

(336) Predicatori della S. Chiesa. Isai. 40. 9.

(337) Vocaboli, e Riti di Veneranda Antichità.

(338) Di Cristo pacificatore. Col. 1. 2.

(339) 2. Timoth. 1. 8.

(340) L'ammassamento di sospetto, d'odio, e dello Scisma.

(341) Ecclesiastica.

(342) Decoro, ed abbigliamento.

(343) Il Lampronense prende questo periodo dal fine della Storia Armena del Coronense, che tradussero in Latino, i due fratelli Wisthoni, e stamparono in Londra 1736.

(344) Di qui radunati, essendo tutti della medesima Nazione.

(345) Della mia Nazione.

(346) Matth. 7. 5.

(347) Isai. 5. 20.

(348) L'infermità dei Cristiani nelle loro dispute riguardo ai loro Riti nazionali. Da qui comincia il Lampronense a dimostrare la discordia delle due Chiese Greca, ed Armena rapporto ai loro Riti.

(349) Luc. 22. 19: I. Cor. 11. 24.

(350) Consecrar ogni giorno.

(351) Vani sospetti, stimando Eretico l'uno l'altro, e credendo, che sia invalida la Consecrazione degli altri, e fatta di materie incompetenti.

(352) Cristiani Greci, ed Armeni.

(353) Infedeli.

(354) Perchè lo facciamo con diverso Rito.

(355) Greca, ed Armena.

(356) Di confusione, e di contraddizione.

(357) Dopo la pace vien domandato lo stabilimento della Chiesa nell'Uffiziatura Armena.

(358) Agg. 1. 8.

(359) Isai. 61. 1.

(360) Cioè Aggeo.

(361) Agg. 1. 5.

(362) Ose. 2. 21.

(363) Di due Profeti, Aggeo e Osea.

(364) Gregorio Patriarca presidente. Exod. 35. 21.

(365) Philip. 2. 3.

(366) 1. Corinth. 6. 7.

(367) La superbia diabolica, ovvero il medesimo Diavolo.

(368) Matth. 7. 2.

(369) Giusta, comandata da Dio.

(370) Matth. 18. 23.

(371) Jac. 4. 12.

(372) Riti: passa ad altri punti della discordia tra le due Chiese.

(373) Dall'amore di Dio.

(374) Marc. 2. 28. è 3. 4.

(375) Andando dietro solo alle materie.

(376) Joan. 13. 34.

(377) Ecclesiastica, o umana.

(378) La Divina.

(379) Gal. 5. 6.

(380) Accidentale.

(381) Risponde, ed ispiega dalla parte di S. Paolo.

(382) I nostri fanatici Scrittori, perchè i Greci fanno in pan fermentato.

(383) I Greci avversarii, perchè gli Armeni fanno in azzimo.

(384) Messa nel Calice dai Greci, ed altre Nazioni.

(385) Di acqua, che non mettono gli Armeni.

(386) Il vino è la principal materia del Sacrificio dell'Altare, e l'acqua secondaria, o accessoria.

(387) Fisicamente, e con ragione.

(388) Mobili.

(389) Con ignoranza.

(390) Il giorno di Natale si trasferisce solamente da un giorno all'altro. Gli Armeni lo celebrano ai 6 di Gennajo coll'Epifania. Dove la Pasqua si trasferisce anche da un mese all'altro; cosicchè tal volta la celebrano i Greci, e gli Armeni nell'istesso giorno, e allora non sospettano l'uno dell'altrui ortodossìa. Così, dice, dovrebbe essere anche il giorno di Natale, se volessimo celebrarlo ai 25 di Dicembre colla Chiesa Greca, o Romana, separatamente dal giorno dell'Epifania.

(391) Gregorio Nazianzeno. Vedi le sue Orazioni Panegiriche XXXVIII. XXXIX. XL. le quali con molte altre si trovano tradotte dagli antichi Padri nella lingua Armena.

(392) Siro, nell'Orazione Panegirica di Natale del nostro Signore, che comincia *Admirabilis est Nativitas tua, Fili Dei*. Questa Orazione però, che nel Giarendir Armeno, cioè Libro di scelte Orazioni, viene ascritta a Sant'Efrem, Assemani in Bibliothec. Orient. T. I. p. 309. attribuisce a S. Giacomo Sarugense. Il discuterlo sarebbe fuor del nostro scopo.

(393) S. Vescovo di Costantinopoli. Vedi la sua Orazione XVII. in Biblioth. Patr. di Galland. Tom. IX. p. 669.

che similmente abbiamo tradotta dai nostri antichi Padri nella Lingua Armena.

(394) Che separano le due Feste, Natale ed Epifania, l'una dall'altra.

(395) SS. Padri, o Uomini saggi.

(396) Dalla definizione de' Saggi.

(397) Argomentazione contro gli Armenj.

(398) Contiene l'uno l'altro, o l'un dell'altro parte-cipa.

(399) Argomenta contro i Greci.

(400) Pan comune, fatto sia dal Greco, sia dall'Armeno.

(401) Prima della Consecrazione, considerati come semplici materie.

(402) Dalla ragione.

(403) L'inanimato elemento.

(404) Divino.

(405) Le materie accidentali dei Sacramenti.

(406) Nell'originale l'Autore adopra il vocabolo Greco μύρον, che gli Armenì facevano dal liquore di diversi fiori, e vantavansi per la sua fragranza, il che rigettavano i Greci con disprezzo.

(407) Gal. 5. 6.

(408) Cosicchè mancando la fede, la carità, e l'orazione, la materia, o l'elemento non giova niente alla salute eterna.

(409) Jac. 3. 16.

(410) Lo Spirito Santo.

(411) Per Mosè nel Libro Levitico.

(412) Hebr. 9. 10.

(413) Hebr. 9. 11 — 13.

(414) Joan. 14. 17.

(415) Da SS. Appostoli.

(416) I. Thess. 5. 19.

(417) Ephes. 4. 30.

(418) Con ostinate superstizioni.

(419) Dei Greci.

(420) Tanto Ecclesiastica, come Secolare.

(421) Di ragione, o di pretesto.

(422) La maggior parte della nostra Liturgia.

(423) Per mezzo della sua predicazione, e delle sue E-pistole.

(424) Mediante la traduzione della Bibbia Armena fatta dai nostri SS. Padri nel Secolo V. dal testo Greco.

(425) Impero, cioè Romano, cui adatta le parole di S. Paolo. 2. Thess. 2. 7.

(426) Ubbidiscono al comando di S. Paolo. 1. Cor. 14. 30. cioè, col cambiare qualche Rito, stabilir la pace. Quanto può, esalta i Greci per renderli rispettabili agli Armeni, come è l'usanza di buon Pastore.

(427) Celebre, e Santissimo Patriarca (detto Partho) sul principio del Secolo V. che tradusse la Bibbia Armena dalla LXX. cui i Principi Armeni non trovando inchinevole alla loro perfida intenzione di detronizzare il loro proprio Re Artasir, gli fecero sottentrare nel Patriarcato un Vescovo Siro ignorante, e di pessimo costume, chiamato Perchiso, o Abtiso.

(428) L'essere de' Greci i primi Cristiani, e l'avere un Impero stabile insin' allora, mostrano, dice, che i loro Riti sieno rispettabili, e da preferirsi a quelli degli Armeni.

(429) Dalla parte dei Greci, che erano nove: 1. Anatematizzare tutti, che dicono una Natura in Cristo; 2. Confessare Gesù Cristo in due Nature; 3. Non dirizzar il Trisagio alla seconda Persona; 4. Celebrare tutte le Feste Dominicali conforme alla Chiesa Greca; 5. Fare la Cresima (o l'olio Santo) di olio semplice; 6. Celebrar il Sacrifizio dell'Altare col pan fermentato, col vino, ed acqua; 7. Nel tempo della S. Messa non restare fuori della Chiesa, ma bensì dentro; 8. Ricevere i Concilii Ecumenici IV. V. VI. e VII. 9. Ricever la nomina del Patriarca Armeno dall' Imperator Greco.

(430) Di sopra da me citato, come detto da S. Paolo.

(431) Così chiama l'Impero Greco, cioè Romano, per la sua fermezza.

(432) Nell' originale abbiamo Նպատակ, che vuol dire,

meta, *scopo*, e *centro*; e lo adopra il Lampronense per significare la Sede Patriarcale, e il Trono imperiale di Costantinopoli, che era la Metropoli del tutto il mondo Cristiano nell'Oriente.

(433) Imperiale.

(434) Così era allora l'Impero di Costantinopoli.

·(435) Colla sua Confessione, e Riti.

(436) Cioè si tradisca l'anima per il comodo del corpo, uniformandosi ad una Chiesa, che sia veramente Eretica.

(437) Che stimano più il comodo del corpo, che dell'anima.

(438) Dopo che è stata introdotta tra le due Nazioni questa inimicizia.

(439) Matth. 13. 25.

(440) Ipocrita. Luc. 18. 10.

(441) Falsa, ed ingiuriosa.

(442) Gli Appostoli, e SS. Padri.

(443) La parola Armena Հերձուածող significa tanto Scismatico, quanto Eretico, ma particolarmente il primo.

(444) Nell'originale abbiamo Հերետիկոս, parola tolta affatto dal Greco.

(445) 2. Thess. 3. 14.

(446) Nell'Armeno Հերետիկոս col significato di Scismatico, perciò lo interpreta Scissore, o Scismatico.

(447) Scismatico, o Eretico materiale.

(448) Avuto dall'implacabil odio.

(449) Un altro argomento.

(450) Cioè la Greca.

(451) Benchè dica l'uno due Nature in Cristo, e l'altro una sola.

(452) Gal. 6. 4.

(453) Matth. 7. 2.

(454) O Armeno contraddicente, facendo una tal sorta di cibo monda, e un'altra immonda.

(455) La Greca, perchè mangia nel giorno d'astinenza pesce, ed altri animalucci marini.

(456) Rom. 14. 14.

(457) Marc. 7. 18.

(458) Cioè il Greco.

(459) Jac. 2. 12.

(460) Sap. 1. 5.

(461) Jac. 2. 14.

(462) Di riconciliare le due Chiese, Greca ed Armena.

(463) Psal. 117. 14.

(464) Psal. 149. 1.

(465) Vescovi, e quelli che hanno la cura della Chiesa di Dio. Cant. 2. 12.

(466) Psal. 84. 11.